LA QUESTION D'ÉGYPTE

PAR

MOHAMED FAHMY

AVOCAT

ANCIEN PRIVAT DOCENT A L'UNIVERSITÉ DE GENÈVE

PRÉSIDENT DU COMITÉ PERMANENT

DE LA JEUNESSE ÉGYPTIENNE

EN EUROPE

ÉDITÉ PAR LE COMITÉ DE LA JEUNESSE ÉGYPTIENNE

LIBRAIRIE J. H. JEHEBER

RUE DU MARCHÉ

GENÈVE

1917

LA QUESTION D'ÉGYPTE

LA QUESTION D'ÉGYPTE

PAR

MOHAMED FAHMY
AVOCAT
ANCIEN PRIVAT DOCENT A L'UNIVERSITÉ DE GENÈVE
PRÉSIDENT DU COMITÉ PERMANENT
DE LA JEUNESSE ÉGYPTIENNE
EN EUROPE

ÉDITÉ PAR LE COMITÉ DE LA JEUNESSE ÉGYPTIENNE

LIBRAIRIE J. H. JEHEBER
RUE DU MARCHÉ
GENÈVE
1917

PRÉFACE

La première édition de cette étude, présentée au XIXème Congrès de la paix, tenu à Genève en 1912, étant épuisée, je crois utile de la rééditer au moment où l'Angleterre, tout en se posant en champion du droit des petits peuples, vient de proclamer contre tout droit son protectorat sur l'Égypte. J'ai complété cette nouvelle édition par de courts aperçus sur les événements survenus en Égypte de 1912 à ce jour. Dans cette nouvelle brochure comme dans la première, je ne me suis pas laissé guider par mes sentiments patriotiques, mais uniquement par le souci de la vérité. J'ai reçu, du reste, à ce propos, des témoignages d'autant plus précieux qu'ils sont désintéressés. Je me bornerai à citer la lettre que m'a envoyée Mme Juliette Adam, lors de l'apparition de la *Vérité sur la question d'Égypte.* (1)

Abbaye de Gif,

Seine-et-Oise 27. 7. 1913.

Merci de la brochure Vérité. Impossible de résumer plus clairement et démonstrativement la situation faite à l'Égypte par le manque de tenue des engagements de l'Angleterre. La « Perfide Albion » une fois de plus, hélas, tient à son qualificatif.

Mes sympathies

Juliette Adam.

L'opinion de cette excellente Française, qui joua dans son pays un rôle si éminent, est celle de beaucoup de ses compatriotes.

(1) Titre de la première édition de cette brochure.

Voici également la résolution votée par le Congrès de la paix, à la suite de la discussion de la présente étude :

Le Congrès, saisi, depuis plusieurs années, des protestations de nombreux délégués égyptiens, au sujet de la situation politique actuellement faite à leur pays par l'occupation britannique :

Considérant que le Gouvernement britannique lui-même a toujours regardé l'occupation militaire de l'Égypte comme une mesure provisoire ;

Considérant qu'à maintes reprises ce Gouvernement, notamment en 1882 et 1884, par la bouche de ses ministres Gladstone et Lord Granville, a solennellement pris l'engagement de ne pas prolonger indéfiniment l'occupation de l'Égypte ;

Considérant, d'autre part, que les délégués égyptiens déclarent se placer exclusivement sur le terrain du droit et réprouvent tous les moyens violents de faire triompher leurs revendications ;

Adresse un appel pressant à la loyauté de la nation anglaise et lui rappelle les promesses de son Gouvernement.

Il émet le vœu que l'évacuation militaire de l'Égypte ait lieu dans le plus bref délai possible, et qu'un gouvernement autonome, assurant des garanties efficaces à tous les intérêts nationaux et internationaux légitimes, soit rétabli en Égypte.

Genève, novembre 1915. M. F.

LA QUESTION D'ÉGYPTE

CHAPITRE PREMIER

L'Égypte sous Méhémet-Ali

L'Égypte des Pharaons a toujours exercé sur le public lettré, ainsi que sur l'imagination populaire, une attraction puissante. Si tous les savants n'y ont pas vu le berceau du monde, ils ont reconnu qu'elle fut longtemps à la tête des contrées les plus civilisées de la terre.

L'Égypte moderne continue à intéresser le monde par des traits qui lui sont propres. La fertilité inépuisable de son sol sans cesse renouvelé par les alluvions du Nil, sa situation unique qui en fait un trait d'union entre trois continents, l'ont toujours, malheureusement, exposée aux convoitises des grandes puissances et à leur ingérence constante.

L'histoire de ce pays, au XIXème siècle, est instructive à bien des égards. L'Égypte est depuis longtemps très innocemment une pomme de discorde offerte aux compétitions des puissances. La France y envoya Bonaparte. Après la retraite de l'armée française, elle fut, pendant quelques années, en proie à l'anarchie, jusqu'au jour où un soldat de fortune aussi intrépide qu'intelligent, Méhémet-Ali, y débarqua en qualité de lieutenant du corps des Albanais dont il devint plus tard commandant supérieur. En 1805, les indigènes le proclamèrent pacha d'Égypte. Par cette élection que le Sultan n'a pu que confirmer, la nation égyptienne a fait preuve d'un sens politique avisé.

En 1807, les Anglais tentèrent d'occuper l'Égypte, mais Méhémet-Ali les battit et les obligea à s'embarquer à Alexandrie, le 14 septembre de la même année.

Sous l'administration de ce pacha, l'Égypte, très déchue, allait retrouver la sécurité, la richesse et une voix dans le concert des peuples civilisés.

Sans négliger la culture des céréales, cette condition primordiale de la prospérité d'un pays qui fut longtemps le grenier du monde, il introduisit celles du coton, du lin, de l'indigo, de la canne à sucre. Il rétablit les canaux obstrués par incurie, traça pour le commerce tout un réseau de routes, créa des écoles, envoya en Europe de jeunes étudiants qui, à leur retour, s'illustrèrent dans tous les domaines, favorisa l'industrie et n'oublia pas de fondre des canons, à une époque où ces engins de destruction étaient déjà, comme aujourd'hui, le signe distinctif de la plus haute civilisation ! Son armée et sa flotte, devenues redoutables, lui inspirèrent l'idée d'affranchir son pays d'adoption. Il profita de la situation critique de la Porte, lors du soulèvement de la Grèce, pour lui prêter secours, et, la guerre terminée, il traita avec elle sur un pied d'égalité. Ses démêlés avec le Sultan le déterminèrent à confier à son fils Ibrahim une armée de 80,000 hommes qui envahit la Syrie.

C'est alors que le Sultan Mahmoud invoque l'intervention des puissances et que le conflit se généralise : la question d'Égypte remet toute la question d'Orient sur le tapis ; un accord intervient entre Mahmoud et Méhémet-Ali. Après une accalmie, les hostilités entre l'Égypte et la Turquie reprennent de plus belle.

A la mort de Mahmoud, les puissances interviennent en faveur de la Turquie.

CHAPITRE II

Situation juridique de l'Égypte

Le 15 juillet 1840, fut signé, à Londres, le fameux traité de la quadruple alliance qui n'accorda à Méhémet-Ali que l'administration héréditaire du pachalik d'Égypte ; les puissances le privèrent de toutes ses conquêtes.

La France, qui exigeait pour lui bien davantage, avait refusé de se joindre à l'Angleterre, à l'Autriche, à la Prusse et à la Russie.

A cette époque, la France, qui avait tant contribué au relèvement du peuple égyptien, lequel s'était adressé à elle volontairement, parce qu'elle représentait, à ses yeux, la civilisation occidentale, lui fournissait ses ingénieurs, ses instructeurs militaires, ses savants et ses pédagogues, et ne cachait pas sa sympathie pour Méhémet-Ali. Elle estimait que les quatre puissances abusaient de leur pouvoir en le frustrant de toutes ses conquêtes. Ce ne fut qu'à son corps défendant qu'elle finit par adhérer à la Convention de Londres.

Non seulement la France reconnaissait en Méhémet-Ali un organisateur génial, mais elle sympathisait avec ce peuple égyptien, qu'on avait trop méconnu et qui maintenant répondait avec enthousiasme aux appels d'un chef réformateur et se plaçait fièrement dans le rang des grandes nations. L'Égypte prouva, déjà avant 1840, qu'elle était digne de se gouverner elle-même.

La Convention de Londres est devenue la charte originelle de l'Égypte, puisqu'elle a fixé son statut juridique.

Elle établit, entre autres, le tribut que Méhémet-Ali aurait à payer au Sultan ; elle spécifia que les forces de terre et de mer dont il disposerait feraient partie de l'armée de l'empire ottoman.

Un firman de 1841, qui la confirma, établit la suprématie de l'Égypte sur le Haut-Nil. Méhémet-Ali obtint ainsi du Sultan la sanction de l'autorité qu'il exerçait au Soudan déjà depuis 1820.

Il résulte des décisions qui furent prises par la Conférence de Londres et qui, aujourd'hui encore, ont leur portée complète, que l'Égypte est un État vassal autonome et tributaire de l'Empire ottoman, héréditaire dans la famille de Méhémet-Ali. C'est l'opinion de la plupart des jurisconsultes. L'éminent jurisconsulte français Bonfils la résume en ces termes : *L'Égypte est un État vassal. Sa situation spéciale est le résultat d'un pacte international, quoique, pour la forme, il ait été réglé par un firman du Sultan, le 13 février 1840.* (V. *Manuel du droit international public,* 2ème édit. page 96.)

Voici ce que le grand jurisconsulte de Martens écrit dans la «Revue de droit international» en 1882 : *Les actes du 15 juillet 1840 ayant été conclus par un accord international, il est évident qu'un nouvel accord entre les grandes puissances européennes pourrait seul modifier les droits et privilèges qu'ils ont créés. Des firmans spéciaux ont élargi encore les droits du vice-roi à l'égard de la Porte ; il va sans dire que ces firmans n'ont nullement pu abolir ni même modifier d'une manière essentielle la position créée par la conférence de 1840.* Et dans son traité de droit international il écrit : *La situation juridique du gouvernement égyptien, définie par le traité de Londres, demeure inviolable et cette même entente est nécessaire pour la modifier ou la détruire.*

CHAPITRE III

Ismaïl, son œuvre et ses embarras financiers

Le petit-fils de Méhémet-Ali, Ismaïl, monté sur le trône en 1863, a eu le mérite de développer l'œuvre de son grand-père dans tous les domaines. Lui aussi a tracé des routes, creusé des canaux et développé l'instruction publique. Lui aussi a travaillé à l'élargissement de l'autonomie de l'Égypte en obtenant de la Porte plusieurs firmans qui atténuaient l'autorité de celle-ci, sans toutefois modifier d'une manière essentielle la Convention de Londres. Il fut, en bien des occasions, un diplomate avisé, et obtint, soit par la persuasion, soit par des sacrifices financiers, ce que Méhémet-Ali n'avait pas obtenu par la force.

Par contre, il faut reconnaître, à la charge d'Ismaïl, qu'il se rendit coupable d'exactions ; qu'il était d'une prodigalité insensée, et d'une incapacité à gérer les finances qui devait faire de lui la proie des usuriers accourus d'Occident. Les puissances assistaient impassibles et complaisantes aux emprunts onéreux, par lui sans cesse renouvelés. Quand la situation financière de l'Égypte fut jugée suffisamment compromise, elles intervinrent pour la protéger.

Sous Méhémet-Ali et ses deux successeurs immédiats, Ibrahim et Abbas, l'Égypte n'eut pas de dette. Nos embarras financiers remontent à l'année 1854, date à laquelle Saïd pacha accorda à M. de Lesseps la concession du percement de l'isthme de Suez.

La Dette s'élevait, à la mort de Saïd, à 250 millions environ. Dès lors, jusqu'en 1874, le khédive Ismaïl se livre à une succession d'emprunts onéreux.

L'entreprise du Canal de Suez aurait échoué aussi piteusement que celle du Canal de Panama, vu les chicanes continuelles suscitées à la Compagnie par l'Angleterre, sans Ismaïl qui, pour son achèvement, n'hésita pas à endetter son pays et à soumettre à la corvée des milliers de fellahs. Chose pénible à constater, l'Égypte fut ruinée par cette entreprise, alors qu'elle eût dû y trouver une source de grande prospérité. L'Angleterre n'y contribua pas pour un seul shilling. Elle ne s'intéressa au Canal qu'après son inauguration en 1869, pour laquelle Ismaïl déploya un luxe inouï, un faste tout oriental. Il fit construire au Caire un grand théâtre, des boulevards et des jardins magnifiques en l'honneur de ses hôtes, les souverains. Les littérateurs et les artistes furent comblés de cadeaux.

L'Angleterre, qui avait toujours entravé, sans succès, le percement de l'isthme, n'hésita plus, quand il fut terminé, à s'en emparer. En 1875, son gouvernement, profitant de la situation obérée d'Ismaïl, achète, pour la somme dérisoire de cent millions, les 177.602 actions qui étaient la propriété de l'Égypte. Elles valent aujourd'hui un milliard. En 14 années, l'Angleterre a mis la main sur la moitié des actions, sur l'administration intérieure du canal et sur tous le territoire égyptien.

Le canal a été neutralisé, bien malgré elle, en 1888, par un traité international signé à Paris. Dès le début de la guerre actuelle, cette neutralité a d'ailleurs été violée par l'Angleterre, qui, profitant de sa présence en Égypte, a fermé le canal au commerce international et l'a utilisé pour ses besoins militaires.

En 1876, la Turquie ayant fait faillite, il y eut répercussion en Égypte, en sorte que sa situation, déjà très fâcheuse, fut sensiblement aggravée. Ismaïl signa, en mai, le décret instituant la Caisse de la Dette publique, administrée par un Français, un Autrichien et un Italien. L'année suivante, on y adjoignit un Anglais, et en 1885, un Allemand et un Russe.

Les attributions de cette institution internationale plusieurs fois amendées et complétées entre les années 1876 et 1890 sont résumées par M. Cocheris en ces termes : « Elle représente les créanciers de l'État, administre la Dette publique, participe à l'administration générale des finances égyptiennes et y exerce son contrôle ». (Voir Cocheris : *Situation internationale de l'Égypte et du Soudan.* Page 438.)

En novembre 1876, Ismaïl, de plus en plus embarrassé dans ses affaires, cède l'administration financière du pays à deux contrôleurs généraux : un Français et un Anglais, autorisés par leurs gouvernements respectifs.

En même temps que les réformes financières, des réformes judiciaires, dues à des années de négociations laborieuses poursuivies par le gouvernement égyptien, furent introduites. Les 17 tribunaux consulaires, qui entravaient l'activité régulière de l'État, furent remplacés par des tribunaux internationaux dits mixtes. Ces tribunaux, institués en 1876, étaient composés chacun de quatre juges étrangers et de trois indigènes qui, jusqu'au commencement de la guerre européenne, étaient nommés par le khédive, sur la proposition du gouvernement intéressé. Ils sont compétents pour juger les affaires civiles et commerciales.

Ismaïl obtint ainsi des puissances la reconnaissance virtuelle pour l'Égypte de sa souveraineté territoriale. Les arrêts des juges mixtes se rendent au nom du khédive, ce qui est la proclamation la plus indiscutable de sa souveraineté.

Ces tribunaux, au point de vue financier, ont constitué un bienfait pour l'Égypte, en la protégeant contre les spéculateurs qui l'exploitaient. L'Angleterre y voyait un obstacle à sa politique égoïste. Ils l'ont empêchée à plusieurs reprises d'abuser de nos finances.

Les Égyptiens les considéraient, à juste titre, comme la sauvegarde de leur indépendance, et auraient voulu étendre leur compétence aux crimes et aux délits commis par des étrangers ; ces derniers sont, encore maintenant, jugés par leurs consuls ou des juges de leurs pays respectifs. Permettre aux sujets étrangers d'échapper à la juridiction du pays où les délits et crimes ont été commis, est un abus intolérable dont l'Égypte souffre cruellement.

CHAPITRE IV

La crise politique et l'intervention anglaise

En 1878, Ismaïl avait promulgué un rescrit par lequel il s'engageait à gouverner avec un ministère solidaire et responsable. Il avait consenti à faire entrer dans le ministère Nubar, les deux délégués respectifs de la France et de l'Angleterre, ce qui a constitué le *condominium anglo-français* qui devait l'aider à conclure un emprunt de plus de deux cent douze millions aux maisons Rotschild de Londres et de Paris. Le ministère songea également à faire des économies en licenciant une partie de l'armée et en mettant 2,500 officiers en demi-solde. Cette mesure exaspéra le peuple déjà très mécontent depuis que les deux étrangers entrés au ministère imposaient leur volonté aux ministres et au khédive. Il y eut une émeute au Caire. Ismaïl résolut, sous l'influence de l'opinion publique, de renvoyer ses ministres. Il chargea son fils Tewfik de les remplacer, mesure à laquelle les consuls généraux de la France et de la Grande-Bretagne s'opposèrent absolument. Le 7 avril 1879, il remplace le ministère Tewfik par celui de Chérif. Il déclare que, désormais, il gouvernera au moyen d'un conseil de ministres indigènes, responsables devant une Chambre de députés, avec un mode d'élection nouveau, différent de celui de 1866. Pour calmer les deux puissances, il a crée un Conseil d'État composé d'étrangers et d'indigènes, mais en même temps, il proteste avec ses ministres en disant que « l'adjonction de l'élément étranger dans le cabinet est de nature à blesser la nation dans ses sentiments les plus chers ».

Ismaïl continuant à braver les deux puissances, celles-ci obtinrent du Sultan, en 1879, sa déchéance et la nomination de son fils Tewfik. La crise, alors, aurait dû être terminée, puisque son fauteur avait disparu, mais l'intérêt des deux puissancee était de prolonger la crise. Le 13 mars 1880, Tewfik instituait par décret, une « Commission internationale de liquidation ». Les travaux de cette commission eurent pour résultat la *loi de liquidation* du 17 juillet de la même année. Cette loi si importante, encore en vigueur aujourd'hui, est une loi internationale qui éclaircit une situation embrouillée, mais elle n'a eu en réalité qu'un but : sauvegarder les intérêts des étrangers.

La dette égyptienne s'élevait alors à 2 milliards 1/2 environ. Quand les banquiers de Londres et de Paris qui avaient si libéralement prêté à Ismaïl, sous l'œil bienveillant des deux puissances dites protectrices, réclamèrent leur argent, celles-ci devinrent menaçantes. Le distingué économiste belge, M. de Laveleye, s'est exprimé à ce sujet en des termes énergiques dans ses « Lettres d'Italie ». *C'est, écrit-il, en Égypte qu'on peut le mieux étudier ce lamentable phénomène de l'appauvrissement opéré par le crédit. L'exploitation ou, pour mieux dire, l'écorchement des fellahs est organisé par une commission anglo-française et pratiqué avec une dureté impitoyable. C'est un des spectacles les plus odieux que présente notre globe en proie à tant d'iniquités.*

Le peuple, plus clairvoyant qu'on ne se le figure, comprit qu'il travaillait pour des vampires et son mécontentement devint général à l'avènement de Tewfik. De partout, on réclamait la séparation des pouvoirs et une Chambre des députés pour en finir avec les abus. L'armée, le colonel Arabi en tête, s'en mêla en 1881. Elle avait, outre ces motifs de mécontentement, celui des faveurs accordées exclusivement aux officiers circassiens. Elle exigea du khédive le renvoi de l'impopulaire ministère Riaz et la réunion d'une assemblée de notables. Cette assemblée de représentants devait tempérer son pouvoir personnel et le conseiller en vue des réformes les plus urgentes.

Le 4 octobre 1881, un décret de Tewfik créait la Chambre des députés. Le 26 décembre, il l'inaugurait. Le 7 février 1882, il promulgait la loi organique préparée par la Commission parlementaire. La Chambre obtenait l'initiative en matière de législation et le droit de voter le budget; la responsabilité ministérielle était consacrée.

Cette loi soustrayait aux discussions de la Chambre le tribut dû à la Porte et toutes les charges imposées par la Dette.

Elle prévoyait que le budget, après avoir été examiné à la Chambre, serait voté par une commission composée d'un nombre égal de ministres et de délégués. En cas de divergences inconciliables dans cette Commission, la Chambre serait dissoute et la question tranchée par un nouveau Parlement. Le khédive chargea Mahmoud Sami, désigné par la Chambre, de former le ministère. Arabi y entra comme ministre de la guerre.

Les deux contrôleurs étrangers protestèrent contre la promulgation de la loi organique. Leurs fonctions consistaient à s'opposer systématiquement à toutes les décisions prises. Ils protestaient sans cesse et en toute occasion. La vérité, comme l'a dit de Martens, c'est que « le contrôle anglo-français était une institution politique ayant pour but spécial d'entraver la machine gouvernementale de l'Égypte, de discréditer le gouvernement du khédive aux yeux de ses propres sujets, et d'arrêter toute réforme législative ou administrative qui pouvait léser d'une manière quelconque les intérêts des créanciers étrangers ». (Voir : *La question égyptienne et le droit international,* R. D. I. T. XIV, 1882 p. 366.)

Le mécontentement et l'agitation qui résultèrent de l'attitude hostile des deux puissances prirent des proportions énormes.

Le 20 mai 1882, les deux escadres anglaise et francaise mouillaient devant Alexandrie. Le 22, Arabi est invité par les consuls anglais et français à quitter l'Égypte ; il s'y refuse ; le 25, le président du Conseil des ministres égyptiens reçoit d'eux une note exigeant :

1° L'éloignement temporaire d'Arabi, d'Ali Pacha Fehmy et d'Abd-El-Al-Pacha.

2° La démission du ministre Mahmoud Pacha.

4*

Les ministres remettent leur démission au khédive en protestant contre la note des consuls généraux.

Le 29, l'amiral anglais informe son gouvernement que les Égyptiens construisent une batterie en face des escadres et demande du renfort. Lord Granville, décidé à agir énergiquement, en informe M. de Freycinet, qui propose une conférence internationale à Constantinople. Cette provocation résultant de la présence des deux flottes étrangères causa naturellement des troubles à Alexandrie. Certains auteurs ont vu dans ces troubles une machination de l'Angleterre. Voici ce qu'en dit M. Jules Cocheris, dont l'autorité fait loi en ces matières : *Tandis que les représentants des puissances s'apprêtaient à discuter à Constantinople, avec la gravité qui convient à des diplomates, on se battait dans les rues d'Alexandrie ! Le 11 juin 1882, à l'occasion d'une querelle entre un indigéne et un Maltais, des rixes sérieuses avaient éclaté. Leur spontanéité était trop surprenante pour n'éveiller aucun soupçon sur les intérêts que pouvait avoir une Puissance à en favoriser l'explosion. Ce n'est un secret pour aucun de ceux qui ont habité l'Égypte, que la fameuse cavalerie de St-Georges, qui devait se comporter si vaillamment à Tel-el-Kébir, avait déjà donné la mesure de sa valeur dans les troubles d'Alexandrie.*

Le gouvernement anglais prétendit, sans jamais pouvoir le prouver, que cinquante Européens avaient été tués ou blessés. Le 12 juin, Tewfik, secondé par Derwish pacha, Haut-Commissaire ottoman, réunit son Conseil des ministres ; les consuls généraux sont convoqués et l'on donne mission de rétablir l'ordre ... A qui ? ... A celui que l'on suspectait déjà de tant de choses, à Arabi ! L'Angleterre, mieux instruite que la France sur les événements qui étaient à la veille de se produire, fait embarquer le 14 toutes les familles anglaises. Deux jours après, la France en fait autant. Le 16, sur l'ordre d'Arabi, on affiche au Caire une proclamation rédigée en français dans laquelle il répondait de l'ordre. C'était une garantie insuffisante aux yeux des deux Puissances. (Voir Cocheris : *Situation internationale de l'Égypte et du Soudan*. Page 108.)

La Conférence de Constantinople fut ouverte le 23 juin. Les plénipotentiaires s'accordèrent dès le début et signèrent un protocole de désintéressement ainsi conçu : *Les gouvernements représentés par les soussignés, s'engagent, dans tout arrangement qui pourrait se faire par suite de leur action concertée pour le règlement des affaires d'Égypte, à ne chercher aucun avantage territorial ni la concession d'aucun privilège exclusif, ni aucun avantage commercial...*

Le 27 juin, il fut stipulé que « les Puissances s'abstiendraient, pendant la durée de la Conférence, de toute entreprise isolée en Égypte, sauf en cas de force majeure ». Cette petite réserve, ajoutée par lord Dufferin, dut ravir d'aise le gouvernement britannique. Il ne lui resta plus qu'à manœuvrer de façon à se débarrasser du concours de la France, ce qui fut facile lorsque cette puissance déclara qu'elle retirerait sa flotte du port d'Alexandrie au cas où l'amiral Seymour présenterait son ultimatum. La chose faite, le Conseil des ministres, présidé par Tewfik, protesta en ces termes : *L'Égypte n'a rien fait qui ait pu justifier l'envoi des flottes combinées. L'autorité civile et militaire n'a à se reprocher aucun acte autorisant les réclamations de l'amiral. Sauf quelques réparations urgentes aux anciennes constructions, les forts sont, à cette heure, dans l'état où ils se trouvaient à l'arrivée des flottes. Nous sommes ici chez nous, et nous avons le droit et le devoir de nous y prémunir contre tout ennemi qui prendrait l'initiative d'une rupture de l'état de paix, lequel, selon le gouvernement anglais, n'a pas cessé d'exister. — Elle proteste contre la nation qui, en pleine paix, aura lancé le premier boulet sur la paisible ville d'Alexandrie, au mépris du droit des gens et des lois de la guerre.* La Porte proteste aussi énergiquement, en disant que si Alexandrie était bombardée « un crime de cette nature porterait atteinte aux droits du Sultan et aux intérêts du pays ». Mais l'Angleterre fit la sourde oreille. Le bombardement eut lieu le 11 juillet 1882. L'abstention de la France qui déclarait que sa co-intervention serait incompatible avec les décisions prises à la Conférence de Constantinople, fut conforme aux principes de l'honnêteté, mais pourquoi cette Puissance ne saisit-elle pas de la question ce tribunal européen? Et, vis-à-vis des tergiversations de la diplomatie anglaise, n'aurait-elle pas dû débarquer ses troupes en même temps que l'Angleterre? En ce cas, les deux puissances, entrées ensemble dans notre pays, en seraient forcément sorties ensemble.

Le lendemain de ce jour néfaste, sir Wilfried Lawson déclarait à la Chambre des Communes que ce bombardement était « *une atrocité internationale, un acte cruel, lâche et criminel* ».

A Constantinople, les plénipotentiaires, gênés par l'événement, crurent devoir inviter le Sultan à prendre part à la Conférence, afin de discuter et d'arrêter les mesures nécessaires pour assurer le retour d'un état de choses régulier. Le Sultan qui, jusqu'alors, n'avait pas voulu prendre part à la Conférence, consentit à participer à ses travaux et à envoyer un corps de troupe en Égypte. Il comptait que, aussitôt ses troupes débarquées à Alexandrie, celles de l'Angleterre quitteraient le pays. Quand l'ambassadeur de Turquie s'en expliqua avec lord Granville, celui-ci répondit : « Le gouvernement de la reine veut bien agréer, et c'est tout ce qu'il peut faire, la coopération de la Turquie, mais encore faut-il que le caractère en soit défini d'une manière satisfaisante et dégagé de toute ambiguïté par des déclarations préalables du Sultan . . . » (V. *Documents diplomatiques*, 1882).

Une déclaration pareille était, cela se comprend, une habile fin de non-recevoir.

Lord Dufferin se chargea de mettre obstacle à l'envoi des troupes ottomanes. En Égypte, on constate que le cabinet britannique met Tewfik sous tutelle et manœuvre de façon à ce que la campagne ait l'air de se faire en son nom.

Arabi est destitué sur les instances de l'Angleterre. Le 16 août 1882, le malheureux khédive se laisse arracher l'autorisation donnée aux troupes anglaises d'occuper l'isthme.

Par cette conduite arbitraire, l'Angleterre a violé une première fois la neutralité du canal reconnue par l'acte de concession. On ne peut pas faire de reproche à l'Égypte qui, pourtant, aurait eu un intérêt vital à obstruer le canal, pour empêcher l'ennemi d'avancer. Elle s'en abstint par scrupule international. Le général Wolseley a avoué publiquement devant le Comité du tunnel de la Manche, que « si les Égyptiens avaient obstrué le canal, il eût été condamné à bloquer l'Égypte et à battre la mer pendant d'interminables mois ». (V. Chesnel, *Plaies d'Égypte : Les Anglais dans la Vallée du Nil.*)

Wolseley adresse aux Égyptiens une proclamation censée pouvoir légitimer sa présence sur leur territoire : il y est venu, dit-il, en ami, pour rétablir l'ordre.

Le khédive se laissa persuader de faire figurer dans l'État-major anglais quelques officiers égyptiens et même un Haut-Commissaire civil. Dans la pensée de l'Angleterre, il s'agissait évidemment de tromper l'opinion en lui faisant croire que l'intervention anglaise n'était qu'un service rendu.

Arabi, bien que déclaré, sur l'insistance de lord Dufferin, rebelle par le Sultan, n'en rassembla pas moins l'armée égyptienne à Tel-el-Kebir pour arrêter l'invasion anglaise.

L'armée égyptienne remporta sur les Anglais, le 28 août, à Kassessine, une victoire assez remarquable pour lui faire bien augurer du succès final.

Après des péripéties pénibles à décrire pour un patriote, les Anglais surprenaient, le 13 septembre, à 5 heures du matin, le camp égyptien. Ce fut le dernier acte de cette triste comédie.

Le lendemain, les Anglais rentrent au Caire, et le 15, Arabi se rend au général Drury-Lowe. Lord Granville en profita pour télégraphier à l'ambassadeur britannique à Constantinople : *Étant donné la prise de Tel-el-Kebir, ainsi que la rapide soumission des insurgés égyptiens, le Gouvernement de Sa Majesté britannique songe à commencer sous peu le retrait des troupes anglaises d'Égypte (L. V. 1882).*

Ce fut un songe bien long que celui qui a duré trente-trois années !

Que penser d'Arabi ? — A l'avènement de Tewfik, on ignorait encore son nom. Beaucoup plus que ses capacités et son patriotisme, les circonstances le servirent et lui firent jouer un rôle au-dessus de sa taille. Porté à satisfaire tout le monde : khédive, Égypte, Porte, France, Angleterre, il ne satisfit personne. Il devint dictateur au moment où le khédive, dépouillé de tout prestige, n'était plus qu'une marionnette dans les mains des contrôleurs. Plusieurs auteurs, des Français surtout, ont dit qu'il avait trahi son pays, à cause de ses relations avec certaines personnalités ayant des accointances avec le Foreign Office. L'histoire se chargera peut-être un jour d'élucider cette question.

CHAPITRE V

Suppression du Contrôle. — Convention financière de Londres. — État financier actuel.

Suppression du Contrôle. — Une des premières préoccupations de l'Angleterre fut de se débarrasser des institutions internationales. Elle commença par la suppression du contrôle anglo-français. En octobre 1882, lord Granville informa M. Duclerc, ministre des affaires étrangères, que, les événements ayant démontré l'insuffisance de ce système, on lui substituerait un conseiller financier nommé par le khédive. M. Duclerc refusa catégoriquement et s'exprima comme suit : « D'après vos déclarations, le contrôle a bien fonctionné pour la prospérité matérielle de l'Égypte... Cependant vous proposez de l'abolir ; mais le voulez-vous réellement ? — Nullement. — Vous dites : comme remplacement du contrôle, le khédive nommera un seul conseiller européen. — Européen, c'est-à-dire anglais, n'est-ce pas ?... » Le contrôleur et le secrétaire anglais remirent, le 11 janvier 1883, leur démission au khédive, le Contrôle fut dissous ipso facto, et le tour fut joué. Les deux puissances convenaient que ce contrôle avait procuré six années de prospérité à l'Égypte, donc il fallait le supprimer ! Il gênait l'Angleterre.

Convention financière de Londres. — État financier actuel. — L'Égypte ayant des charges accablantes résultant en grande partie des frais occasionnés par l'armée d'occupation et par cette autre armée, non moins redoutable, des fonctionnaires anglais, l'Angleterre était embarrassée. Elle n'y voyait qu'une solution : reviser la loi de liquidation, bien qu'elle redoutât le contrôle indiscret des puissances. Elle se décida enfin, le 19 avril 1884, à leur adresser une note pour modifier cette loi. A cette note était adjoint un mémoire où l'on constatait que le double budget, institué par la loi de liquidation, présentait deux aspects opposés : tandis que les revenus affectés aux services de la dette donnaient des plus-values, le budget ordinaire était en déficit permanent. La France consentit à s'occuper de la question financière à condition de pouvoir régler conjointement des questions connexes, parmi lesquelles celle de l'évacuation était la plus importante.

Le 16 juin, lord Granville, répondant à la note de M. Waddington, ambassadeur français à Londres, déclara : *Le gouvernement de Sa Majesté, afin d'écarter toute espèce de doute à l'endroit de sa politique, et, eu égard aux déclarations faites par la France, s'engage à retirer ses troupes au commencement de l'année 1888...*

M. Waddington prend acte, en le soulignant dans sa réponse, de cet engagement du retrait des troupes, et insiste ensuite sur l'importance d'étendre les pouvoirs confiés à la Commission de la Dette. Le budget lui serait soumis chaque année ; après le départ des troupes anglaises, elle aurait la mission d'assurer la perception régulière et intégrale des revenus. Le président de cette Commission sera un Anglais. *Dans la troisième partie de votre note,* ajoutait l'ambassadeur français, *vous prenez l'engagement de proposer aux Puissances et à la Porte, soit pendant l'occupation anglaise, soit au moment de l'évacuation, d'élaborer : 1° un projet de neutralisation de l'Égypte sur la base des principes appliqués à la Belgique ; 2° un projet relatif au canal de Suez...*

L'exposé financier qu'avait fait lord Granville, dans sa note circulaire, en avril 1884, était fort inquiétant. Les dépenses de l'année 1882 s'étaient élevées à plus de 155 millions. Il y avait progression constante des dépenses. Les ressources du pays ne pourraient y suffire.

La *Conférence de Londres* devait, d'urgence, rétablir l'équilibre du budget égyptien. La note circulaire concluait à la nécessité d'un emprunt d'environ 230 millions pour liquider la situation. Cette Conférence eut sa première séance le 28 juin 1884. Les propositions de la France, appuyées par les Puissances, sauf l'Angleterre, sont mises en discussion.

M. Cocheris les résume en ces quelques lignes :

1° Emprunt de 8.000.000 de L. st. à bas intérêt.

2° Réduction de 3 °/o de l'intérêt payé par l'Égypte sur les actions anglaises du Canal de Suez.

3° Abolition consentie du fonds d'amortissement.

4° Emprunt distinct de 1.000.900 de L. st. pour la quote-part de l'Égypte dans les frais de l'armée d'occupation pendant les trois ans et demi de séjour.

5° Pas de garantie d'intérêt.

Le 2 août déjà, l'entente était reconnue impossible à cause de l'intransigeance du gouvernement britannique. On se sépara sans avoir rien décidé, et sans même avoir fait mention de l'évacuation, ce qui fut déplorable, puisque les circonstances semblaient y inviter plus que jamais. Après de longues négociations, les contre-propositions de la France furent acceptées et la Convention de Londres fut signée le 18 mars 1885. Elle avait établi un type de budget qui contribuait à relever nos finances. Les Puissances, sur la prière de la Grande-Bretagne, le modifièrent en 1888 et en 1890 ; c'est grâce à elles et aux institutions internationales que l'Égypte retrouva des finances prospères. Elle eut, en 1904, jusqu'à 340 millions dans sa Caisse de réserve.

Depuis l'entente cordiale, la surveillance internationale s'est beaucoup relâchée ; la réserve a été gaspillée avec le boni du budget. Il est question de supprimer la Caisse de la Dette : avec elle disparaîtront les dernières garanties financières de l'Égypte.

Le gaspillage des finances de l'Égypte continue à se faire en grande partie par l'occupation au profit des Anglais et au détriment, non seulement des Égyptiens, mais aussi des Européens.

Le Conseiller financier anglais abusa de son omnipotence en spéculant sur les valeurs du Transvaal avec les fonds égyptiens. Il perdit ainsi des sommes considérables qu'il aurait mieux fait de consacrer au crédit national, vu la crise économique de 1907 alors généralisée. Ce fut grâce au Crédit foncier égyptien, société à capital français, que les effets de la crise furent atténués pour les agriculteurs. C'est surtout le Soudan égyptien qui est le gouffre où s'engloutissent les revenus de l'Égypte.

Une preuve éloquente du mauvais état actuel de nos finances, c'est que, en 1910, le gouvernement égyptien, constatant que son fonds de réserve était épuisé, avait songé à une prolongation de 40 années de la Convention du Canal de Suez pour la somme dérisoire de cent millions de francs, et bien avant l'échéance du contrat.

Si l'Égypte avait eu un gouvernement national, gardien des vrais intérêts du pays, son principal souci aurait été d'amortir sa dette restée telle qu'elle était en 1880, de deux milliards et demi, de répandre l'instruction publique, et de soulager, dans la mesure du possible, le paysan, écrasé sous les impôts établis par le khédive prodigue Ismaïl, lesquels, loin d'être diminués sont plutôt augmentés.

CHAPITRE VI

Négociations relatives à l'évacuation et à la neutralisation de l'Égypte

L'impérialiste lord Salisbury, succédant à Gladstone, n'était pas homme à plaider la cause de l'Égypte. Il envoya à Constantinople sir H. Drummond-Wolff avec le titre d'« envoyé extraordinaire et ministre plénipotentiaire avec mission spéciale se rapportant aux affaires d'Égypte ». En octobre 1885, sir H. Drummond-Wolff signa, avec le ministre des affaires étrangères de Turquie, une Convention préliminaire et ratifiée par le Sultan, stipulant l'envoi en Égypte d'un Haut-Commissaire ottoman qui s'entendrait avec le khédive pour la réorganisation de l'armée égyptienne et les réformes à introduire dans l'administration civile et pour rétablir pacifiquement l'ordre au Soudan, conformément aux avis qu'il recevrait du Haut-Commissaire anglais. Ces deux commissaires consulteraient leur gouvernement respectif pour conclure une convention réglant l'évacuation de l'Égypte *dans un délai convenable.* Leur enquête dura plus d'un an et la conférence qui échangea des vues à ce sujet ne prit aucune décision.

Le 6 février, Moukhtar pacha présenta un rapport sur l'organisation d'une armée égyptienne commandée par des officiers égyptiens. Quant au surplus de dépenses qui résulteraient de cette organisation, il comptait que l'Angleterre renoncerait aux 5.200.000 francs que l'Égypte payait pour l'entretien de l'armée anglaise d'occupation. Ce rapport excita en Angleterre une noble indignation, ce qui prouva le peu de sincérité du gouvernement.

En janvier 1886, il se forma un nouveau ministère libéral. « Ni annexion, ni protectorat, ni prolongation, ni compensation d'aucune sorte » avait dit Gladstone dans son manifeste électoral, en septembre 1885. L'évacuation demandée avec tant de chaleur par Gladstone, leader de l'opposition, le serait-elle encore par Gladstone, chef de cabinet ? Ceux qui le crurent durent être promptement désillusionnés. Ils apprirent que le Gouvernement de Sa Majesté avait repoussé le projet de Moukhtar pacha et l'avait invité à le modifier de façon à ce que l'armée égyptienne ne dépassât pas 12,000 hommes et que ses officiers fussent tous Anglais ! En outre, le gouvernement égyptien continuerait à payer la somme de 5.200.000 francs pour l'armée d'occupation.

Le 1er mai 1886, un contre-projet eut le même sort devant l'intransigeance britannique. Dès lors, les échanges de notes entre Londres et Constantinople se succèdent sans interruption.

Le nouveau ministère Salisbury, formé en juin 1886, continua des tractations qui, à un moment donné, se concentrèrent sur un projet de neutralisation de la vallée du Nil. Ce fut encore Drummond-Wolff qui fut chargé de ces négociations. Des pourparlers laborieux s'engagèrent entre lui et la Porte. Saïd Pacha insista pour que la date de l'évacuation fût fixée. Finalement, le 22 mai 1887, fut signée une Convention, aux termes de laquelle les troupes anglaises quitteraient l'Égypte dans un délai de trois ans et ce pays jouirait de l'immunité territoriale. En cas de désordres ou de danger, l'Angleterre pourrait réoccuper l'Égypte.

Le manque de sincérité de lord Salisbury, dans cette question de la neutralisation de l'Égypte, ressort de la clause de réoccupation au profit exclusif de l'Angleterre. Pourquoi cette clause restrictive si toutes les puissances devaient *garantir* cette neutralisation et s'engager à ne pas intervenir militairement ? Ce n'était donc plus le projet de neutralisation sur la base des principes appliqués à la Belgique, dont lord Granville avait pris l'initiative dans sa note de 1884, mais une simple manœuvre pour obtenir le droit de *réoccupation,* alors que l'Angleterre n'avait jamais eu celui d'*occupation*. Cette sorte de neutralisation à l'anglaise qui assurerait l'intervention légale et perpétuelle d'un État étranger en Égypte n'est pas la solution désirable de la question égyptienne. Le rôle étrange de Kiamil Pacha favorisant l'Angleterre et trompant le Sultan en lui faisant croire que la France ne s'était pas opposée à la Convention et que son adhésion était certaine, prouve son peu de patriotisme. Chacun sait qu'il était dévoué à l'Angleterre. Éclairées sur ses agissements, la France et la Russie firent des démarches auprès du Sultan, qui refusa d'apposer sa signature lorsqu'il s'agit de ratifier la Convention de Constantinople.

CHAPITRE VII

L'Anglicisation et ses conséquences fâcheuses

L'anglicisation de l'Égypte se fait avec méthode, conformément à un plan préconçu qu'il serait naïf de vouloir nier.

L'Angleterre, par les soins de sir Ed. Malet, consul général au Caire, chercha, dès qu'elle eut pris pied en Égypte, à imposer à Tewfik la réorganisation de l'armée égyptienne avec un cadre d'officiers anglais commandés par un sirdar également anglais. En novembre 1882, lord Dufferin, envoyé comme Haut-Commissaire par l'Angleterre, arriva en Égypte avec la mission de réorganiser le pays. En vérité, son œuvre fut d'angliciser l'Égypte. Milner constate lui-même que : « le système de lord Dufferin consista essentiellement à placer un certain nombre d'Anglais dans les postes élevés des diverses administrations et à s'en rapporter à leur influence, c'est-à-dire à leur pression pour remettre peu à peu les choses dans l'ordre » (V. Alfred Milner : *l'Angleterre en Égypte,* page 135). En 1883, Lord Dufferin, remplaça la Chambre des députés par deux institutions bâtardes, censées pouvoir préparer le peuple égyptien à l'autonomie : le *Conseil législatif* et l'*Assemblée générale.* Ce ne fut qu'un trompe-l'œil, car ces assemblées n'avaient qu'une voix purement consultative, sauf en matière d'impôt nouveau où l'assemblée générale avait voix délibérative. Leur rôle n'a pas changé pendant trente années de fonctionnement. En 1913, on a remplacé ces deux institutions par une seule, appelée Assemblée législative, dont la compétence ou plutôt l'incompétence est restée la même. Il s'agissait d'un nouvel essai de tromper l'opinion. Que penser, en présence de cet état de choses, de ceux qui croient encore que l'Angleterre prépare le peuple égyptien à l'autonomie ?

A partir de cette année (1883), les fonctions civiles et militaires les plus importantes passèrent entre les mains des Anglais : guerre, travaux publics, finances, instruction publique, comptabilité, douanes, postes, irrigation, ports, phares, police, etc.

Sir Evelyn Baring remplaça sir Ed. Malet, comme consul général, en septembre 1883. C'était un habile financier, mais un homme très autoritaire, sur lequel l'Angleterre comptait pour se tirer d'embarras.

Les ministres égyptiens qui osèrent, au début, manifester leur volonté de gouverner furent aussitôt destitués par Baring. Sous le ministère de Riaz, une question financière des plus importantes fut soulevée, celle de la Conversion de la Dette. Malheureusement, ce ministre n'était pas capable de faire aboutir ces négociations au profit de l'Égypte. Cette question intéressait toutes les puissances à qui l'Angleterre fit appel. Le décret khédivial du 6 juin 1890 qui la résolut eut pour résultat de les désintéresser dans une large mesure, ce qui permit à l'Angleterre d'avoir ses coudées franches dans l'administration intérieure. En 1890, un conseiller judiciaire de nationalité anglaise fut nommé ; il procéda à une réorganisation malheureuse des tribunaux. Tewfik et ses ministres étant soumis à Baring, tout marchait à souhait pour l'Angleterre. Soudain, Riaz eut des velléités de résistance. Sir Evelyn Baring, aujourd'hui lord Cromer, lui fit savoir qu'il eût à se retirer et le remplaça par Mustapha Fahmi, d'origine algérienne, qui fut un instrument entre ses mains.

A la mort de Tewfik, le 7 janvier 1892, son fils Abbas-Hilmi, qui lui succéda, se convainquit bien vite que les bienfaits de la tutelle britannique n'étaient qu'illusoires. Il s'en expliqua clairement et fut bafoué par la presse anglaise ; sa résistance aux prétentions de lord Cromer fut malheureusement paralysée par Mustapha Fahmi et ses collègues qui ne demandaient qu'à obéir. Pour en finir, en janvier 1893, Abbas-Hilmi eut l'audace de remplacer ce ministre trop complaisant, ce qui lui attira les aménités du *Times* et des principaux organes de la presse anglaise pour qui il ne fut qu'un « gamin turc frotté d'un léger vernis d'éducation viennoise ».

Lord Cromer contesta au khédive le droit de choisir ses ministres. Abbas-Hilmi d'abord, brava ces fureurs, puis il céda et révoqua Fakhry Pacha et nomma Riaz à sa place. Le khédive, dans une visite qu'il fit en Haute-Égypte, osa critiquer l'insuffisance de l'instruction des troupes par les officiers anglais. On le contraignit à présenter des excuses. En janvier 1894, il dut signer un ordre du jour aux troupes pour les féliciter de leur bonne tenue..

Dès lors, l'anglicisation a continué de plus belle. Chaque année, on nous envoie un certain nombre de jeunes gens sans expérience et dépourvus des connaissances voulues, car on sait que les Anglais n'ont besoin d'aucune préparation particulière.

Sous l'occupation, l'Égypte a décliné dans tous les domaines : Dans l'irrigation, où les Anglais passent pour avoir travaillé avec succès, ils ont négligé, malgré les avis des gens compétents, de drainer le sol. Celui-ci, saturé d'eau à l'excès, a perdu de sa fertilité. Ce n'est qu'à partir de 1912 que l'on a commencé sérieusement ce travail dans la Basse-Égypte.

Quant à l'agriculture, le gouvernement encourage la culture intense du coton, au détriment des céréales, riz, blé et maïs, indispensables à l'alimentation du peuple, et que celui-ci achète très cher puisqu'ils sont importés. Le pays est donc à la merci des gros spéculateurs de Liverpool et de Manchester. La guerre a fourni un exemple de la puissance de ces spéculateurs : en 1914, ils ont réussi à faire baisser de près des deux tiers le prix du coton égyptien, ce qui a mis le pays dans une situation déplorable. Elle a mis aussi en évidence le danger que présente pour la vie économique d'un pays la culture intensive d'un même produit. Ne sait-on pas d'ailleurs qu'une culture exclusive comme celle-là épuise le sol et qu'elle est sujette à des maladies spéciales, dont les ravages, qui se sont fait déjà sentir, exposeraient le pays à une crise douloureuse ?

En revanche, la culture du tabac qui était d'un beau revenu et à laquelle notre sol convenait si bien, a été interdite.

Dans le domaine de l'instruction publique, on a supprimé la gratuité ; on a éliminé les sciences naturelles et la chimie ; pour les autres branches, l'enseignement en langue arabe est interdit et remplacé par l'anglais ; le corps enseignant se recrute fort mal, vu la suppression de l'École normale. Cependant, sous la pression de l'opinion publique et conformément au vœu unanime de l'Assemblée générale et du Conseil législatif, une sorte d'École normale a été rétablie et l'on commence à réintroduire, dans certaines classes, l'enseignement en langue arabe. L'École de médecine, l'École de droit et l'École polytechnique sont désorganisées. Les étudiants émigrent. Les boursiers disparaissent totalement des écoles supérieures. En 1908, ils étaient dans la proportion de 2 °/₀, au lieu de 63 avant le régime anglais. Plus que toute autre, l'École militaire a décliné déplorablement ; on y entre sans études préalables pour n'y rester que peu de mois, méthode ingénieuse destinée à prévenir l'intrusion des Égyptiens dans le corps des officiers supérieurs.

Toutes ces mesures vexatoires, et surtout l'incident révoltant de Denchawaï, dont nous parlerons plus loin, exaspérèrent la nation, et lord Cromer fut obligé de se retirer. En 1907, il fut remplacé par sir Eldon Gorst. Lorsqu'elle choisit cet homme, ami personnel d'Abbas-Hilmi, l'Angleterre pensait qu'en faisant une entente avec le khédive elle arrêterait le mouvement national : ce fut le contraire qui se produisit, car le peuple constata que cette entente n'était pas dans son intérêt. Il fallut alors recourir à des lois oppressives. Dès l'arrivée de sir Eldon Gorst en Égypte, le ministère Fahmy fut remplacé par un ministère Boutros. On aurait pu se réjouir de ce changement si Gorst n'avait pas eu pour mission de continuer la politique d'accaparement et d'oppression inaugurée par lord Cromer, et que Boutros Pacha eût été autre chose que l'exécuteur docile de cette politique. Le mécontentement devint général en Égypte, et Boutros fut tué par un jeune pharmacien qui avait fait ses études en Europe, Ibrahim Nassef-El-Wardany. Dès son arrestation, Wardany a donné les mobiles de son acte : « J'ai assassiné Boutros Pacha parce qu'il s'est montré traître à son pays en plusieurs circonstances, entre autres en signant la convention du Soudan, en présidant le tribunal de Denchawaï, en rétablissant le décret de 1881, restreignant la liberté de la presse et enfin en poussant l'Assemblée générale à voter le projet relatif à la prolongation de la convention du Canal de Suez. »

Une loi autorisant la déportation administrative et qui pourrait être appliquée à des patriotes réputés suspects fut promulguée. La presse fut muselée, en ce sens que la loi de 1881, faite pour une époque troublée, tombée en désuétude, fut remise en vigueur et rigoureusement appliquée aux journaux nationalistes. Une loi spéciale visant les journalistes leur a supprimé un degré de juridiction. D'autres lois, également intolérantes, pourraient être invoquées.

En 1910, nous eûmes pour premier ministre Mohamed Saïd, Crétois d'origine. Ce vil personnage promulgua et appliqua avec la plus grande rigueur les lois oppressives, sous la direction d'Eldon Gorst et, ensuite, de lord Kitchener, nommé en 1911, ce soldat sans pitié qui, pour venger Gordon, laissa ses troupes achever les blessés, égorger les prisonniers, et qui, au Transvaal, imagina les Camps de concentration et fit incendier les fermes boërs. Sir Neville Chamberlain, un des plus braves soldats de l'Angleterre, l'a jugé, en 1901, en disant : *Cet homme semble incapable d'aucun sentiment d'humanité dans la guerre. Il est heureux, pour l'honneur des armes britanniques, que notre histoire n'ait jamais eu de commandant en chef de son genre.*

Et c'est cet homme que l'Angleterre avait choisi pour mater les patriotes égyptiens !

Voici, résumée en quelques lignes, l'activité de Kitchener pendant son séjour en Égypte : il s'y conduisit en potentat, voyageant en train spécial, provoquant l'envoi de délégations de notables et de paysans qui lui souhaitaient la bienvenue, assistant à la pose de la première pierre des édifices publics, et même des mosquées, et faisant signer par de soi-disants délégués des adresses par lesquelles ils manifestaient leur satisfaction de l'état actuel. En cas d'insoumission, ils auraient été exposés aux tracasseries de l'administration et, chose encore plus grave, à la suppression de l'eau nécessaire à l'irrigation de leurs terres. Lord Kitchener interdisait les réunions publiques et supprimait les journaux qui lui déplaisaient ; aidé par Mohamed Saïd, il provoquait la délation, entravait toute initiative de la part des Égyptiens, faisait entretenir dans différents pays des espions officieux et officiels chargés de surveiller tous les faits et gestes, non seulement des étudiants, mais aussi de tous nos compatriotes, poursuivait et condamnait ceux qui osaient exprimer leur opinion ; en un mot, c'était le despotisme le plus éhonté.

Les choses allèrent ainsi jusqu'au moment où éclata la guerre euporéenne.

Le khédive était alors à Constantinople ; à peine remis des suites de l'attentat dirigé contre lui, il se préparait à partir pour l'Égypte, afin de passer les fêtes du petit Bairam parmi son peuple, et même la date de son arrivée était officiellement fixée, lorsque l'Angleterre, profitant de la déclaration de guerre, lui fit signifier de ne pas rentrer en Égypte. On eut même l'audace, plus tard, de lui ordonner de quitter la Turquie et d'aller résider en Italie. Le khédive refusa d'accéder à ces ordres contraires à sa dignité et à son patriotisme.

Pendant ce temps, l'Angleterre trame le coup d'État du changement de régime, et le gouvernement confisque toutes les armes, même les cannes ; il promulgue une loi interdisant les attroupements de plus de cinq personnes et proroge l'Assemblée législative.

Plus tard, il emprisonne en Égypte ou déporte à Malte ou ailleurs les patriotes égyptiens. Il fait même pression sur certain gouvernement neutre pour l'engager à persécuter les libéraux égyptiens exilés en Europe.

La guerre contre la Turquie déclarée, le général Maxwell, commandant en chef des forces britanniques, lance au peuple égyptien une proclamation l'exhortant à la tranquillité, en disant que l'Angleterre va défendre « les droits et les libertés acquises par l'Égypte sur les champs de batailles sous le grand Méhémet Ali ».

Le 19 décembre, le souverain légitime de l'Égypte est détrôné ; les Anglais appellent son oncle Hussein à lui succéder, avec le titre de sultan, et ils proclament leur protectorat sur la vallée du Nil, déchirant ainsi le traité de Londres, après l'avoir violé.

Voilà comment l'Angleterre entendait défendre « les droits et les libertés de l'Égypte ». Une fois de plus, elle foulait aux pieds les engagements qu'elle avait pris solennellement à la face de l'Europe.

Lord Kitchener, devenu ministre de la guerre dans le cabinet libéral anglais, ne fut pas étranger aux mesures prises pour changer le régime de l'Égypte. En effet, sa haine contre le khédive est bien connue. Elle date du jour où le souverain, en sa qualité de chef de l'armée égyptienne, fit publiquement à Kitchener, alors sirdar, des observations sur l'insuffisance de l'instruction des troupes. Kitchener voulait se venger ; l'occasion était propice. Mais les exécuteurs des desseins de l'Angleterre furent Ruchdy Pacha et ses collègues. Ruchdy Pacha, Turc d'origine, avait été nommé premier ministre au commencement de 1914. Il devait sa situation au khédive qui l'avait distingué alors qu'il n'était que juge et lui avait fait franchir rapidement les échelons du pouvoir. Le souverain avait pleine confiance en lui, mais il fut indignement trahi par ce mauvais serviteur. Ruchdy et ses collègues furent parjures envers leur maîtres et traîtres envers leurs pays.

CHAPITRE VIII

Le Soudan

Dès l'époque pharaonique, cet immense territoire a toujours été considéré comme faisant partie de l'Égypte. Elle y exerça constamment, ou sa souveraineté, ou son influence morale, économique et politique.

L'autorité de Méhémet-Ali, qui s'en empara en 1814, fut reconnue jusqu'à l'île de Say. En 1821, son fils Ismaïl, remontant le fleuve jusqu'au confluent des deux Nil, reçut la soumission du Sennar. Une autre armée conquit le Kordofan. En 1870, Samuel Baker fut chargé par le khédive Ismaïl de conquérir les régions des Grands Lacs. En 1874, une nouvelle expédition s'emparait de la Côte d'Aden.

Au moment où les Anglais occupèrent l'Égypte, tout le cours du Nil nous appartenait. Les conquêtes égyptiennes avaient été ratifiées par les firmans de 1841, 1873 et 1875, communiqués aux puissances en temps voulu.

En 1881, eut lieu le soulèvement dirigé par Mohammed Ahmed ; les origines en sont obscures, mais un point reste acquis à l'histoire : le rôle de l'Angleterre s'y dessine nettement ; elle favorise les insurgés en opposant aux derviches plusieurs petits corps d'armée disséminés de façon à ne pas pouvoir s'entr'aider. Elle voulait obliger l'Égypte à évacuer le Soudan pour s'en emparer plus tard comme d'un territoire sans maître. Lord Dufferin conseilla l'évacuation du Soudan, alléguant que « ce pays était un fardeau pour l'Égypte », au moment précis où l'Angleterre cherchait à s'assurer la concession d'une voie ferrée allant de la mer Rouge à Berber, localité qui se trouvait comprise dans le territoire qu'elle nous conseillait d'abandonner. Le Soudan a servi de prétexte à l'Angleterre pour prolonger son occupation de l'Égypte.

Mohammed Ahmed avait, par son éloquence et sa dévotion, acquis un grand ascendant sur les populations du Kordofan. Il profita de la suppression de l'esclavage pour se créer des adeptes parmi les trafiquants et fomenter la révolution. Dès 1881, on parle de lui comme d'un chef militaire, sous le nom redouté de Mahdi. Il fut victorieux dans une succession d'engagements dont plusieurs furent désastreux pour nos armes. Le gouvernement anglais imposa au khédive le rappel du gouverneur général.

Le 9 septembre 1883, le général Hicks, à la tête d'une armée égyptienne de dix mille recrues sans expérience, fut cerné et battu à Khaghill. Gordon a fait allusion à ce massacre en ces termes : *Lorsqu'on songe à l'énorme dépense de vies humaines faite au Soudan depuis 1880, on ne peut s'empêcher de vouloir mal de mort à Colvin, à sir Ed. Malet et à sir Charles Dilke, car c'est à ces trois hommes, les conseillers en cette affaire du Gouvernement de Sa Majesté, que toutes ces calamités sont dues (*V. *Journal de Gordon, page 15).*

Sir Evelyn Baring donna l'ordre d'évacuer le Soudan le plus promptement possible, intimant aux ministres égyptiens qui ne croiraient pas devoir s'y conformer, de donner leur démission.

Le ministère Chérif se retira en protestant contre l'évacuation au nom du rescrit du 23 août 1878, suivant lequel le khédive gouverne avec et par ses ministres. La Turquie protesta également. Sa note n'eut pas de résultat. Le décret d'évacuation avait été signé par l'Arménien Nubar Pacha.

L'abandon du Soudan équivalait à une violation flagrante des droits du Sultan, de ceux du khédive et du firman de 1841 sanctionné par l'Europe. Au Caire, un comité fut formé pour défendre les intérêts égyptiens et européens compromis par cet abandon. Un mémoire qu'il adressa aux intéressés constatait que les importations annuelles au Soudan s'élevaient à 50 millions, les exportations à 275 millions ; qu'on y comptait 15.000 chrétiens, 40.000 Égyptiens, un millier de maisons de commerce dirigées par des Européens, et qu'un stock de marchandises de 125 millions restait en souffrance au Caire.

Ce mémoire, transmis aux Puissances par leurs consuls, ne provoqua aucune démarche efficace auprès de l'Angleterre.

L'évacuation du Soudan était une entreprise compliquée et périlleuse. Des milliers d'Égyptiens et d'Européens y étaient dispersés ; onze places fortes étaient encore entre nos mains. La garnison de Khartoum était de 6000 hommes. Le gouvernement britannique chargea le colonel Gordon, ce Bayard anglais, de présider à cette formidable entreprise. Un décret khédivial le nomma « gouverneur du Soudan ». Pour pacifier le pays en quelque mesure, il publia une proclamation annonçant aux habitants une réduction des impôts et la tolérance de l'esclavage. Cette dernière mesure souleva une grande indignation en Angleterre, bien qu'elle ne visât que la propriété des esclaves et point la traite proprement dite ; au Soudan, elle n'eut pas l'effet que Gordon en attendait. Le *Foreign Office* lui ayant interdit de se battre, il ne resta plus à ce malheureux, sacrifié à une politique barbare, qu'à attendre un secours problématique dans la souricière où on l'avait enfermé. *Notre nation,* écrit-il dans son journal, *est honnête, mais nos diplomates sont des niais et n'ont pas de probité politique.* Khartoum était cernée par des bandes de derviches féroces ; les vivres y manquaient ; la garnison était exténuée. Le 26 janvier 1885, commença l'assaut livré par les mahdistes : 4.000 Égyptiens furent massacrés, et Gordon assassiné devant le Palais. Ainsi se réalisa la prédiction faite par lui dans son journal : « Il est écrit que Khartoum sera pris au nez et à la barbe du corps expéditionnaire qui arrivera juste à ce moment-là et qui rebroussera chemin en toute tranquillité et en buvant sa honte. »

Après la mort du mahdi, survenue au mois de juillet 1885, la seule place restée au pouvoir des Égyptiens était Souakim que l'Angleterre avait intérêt à conserver.

En 1890, l'Angleterre et l'Allemagne s'entendent pour limiter leurs possessions de la côte orientale. La Grande-Bretagne s'adjuge le bassin du Haut-Nil *jusqu'aux confins de l'Égypte.*

En 1891, l'Angleterre signa une convention avec l'Italie, en vertu de laquelle ce pays obtint une superficie considérable du Soudan.

Trois ans plus tard, elle conclut avec l'État indépendant du Congo un traité en vertu duquel elle se réserve le fameux couloir indispensable à sa voie ferrée du Cap au Caire et cède à bail à l'État indépendant, un territoire soudanais. Ces deux traités, est-il besoin de le rappeler, n'ont aucune valeur juridique, puisque l'Angleterre n'avait aucun droit d'aliéner ou de s'attribuer des territoires qui ne lui appartenaient pas.

En 1896, l'Angleterre qui, suivant le mot de M. Deville « excelle à couvrir, sous des apparences humanitaires ou philanthropiques, des actes de pure supercherie » (Partage *de l'Afrique*, page 147) occupe l'Ouganda, après avoir secouru la garnison italienne de Kassala, menacée par les Abyssins.

Le 1er septembre 1898, l'armée égyptienne procède, sous la direction de Kitchener, au massacre, devant Khartoum, de l'armée mahdiste évaluée à 40.000 hommes armés de lances et de bâtons. Une autre armée, fauchée par les mitrailleuses, laissa 16.000 morts sur le champ de bataille, tandis que l'armée anglo-égyptienne n'en eut que 300. On ne compte pas les blessés, pour la bonne raison que les officiers anglais avaient reçu l'ordre de les achever. M. Morley, dans son discours à la Chambre des Communes, protesta en ces termes contre ce qui venait de se passer au Soudan : « *Un fait révoltant en soi-même, déshonorant pour l'autorité quelle qu'elle soit qui l'ordonne, une flétrissure pour la réputation nationale* » (3 février 1899).

Kitchener, entré à Khartoum, fit ouvrir le tombeau du Mahdi. On lui trancha la tête et son corps fut jeté dans le Nil après que les officiers anglais s'en furent disputé les ongles restés intacts. Après quoi, les honneurs militaires furent rendus devant le palais où Gordon avait péri treize années auparavant. L'incident de Fachoda étant encore dans toutes les mémoires, nous rappellerons que la présence d'un officier français, le commandant Marchand, dans les parages du Haut-Nil, avait éveillé la susceptibilité de l'Angleterre qui exigea, au nom de l'Égypte, son départ de Fachoda. L'incident faillit provoquer la guerre entre la France et l'Angleterre.

En janvier 1899, l'Angleterre imposa au khédive une convention qui n'a jamais été ratifiée à Constantinople, par laquelle celui-ci lui cèdait une partie de ses droits sur le Soudan et en faisait une copropriété entre l'Égypte et l'Angleterre, constituant ainsi une société léonine au profit de cette dernière. Rappelons une fois de plus que tous les firmans sont en accord avec celui de 1892 qui interdit aux khédives de céder ou d'aliéner les privilèges accordés à l'Égypte, de même qu'aucune partie de son territoire. L'Égypte fait partie intégrante de l'Empire ottoman, dont les puissances, y compris l'Angleterre, ont garanti l'intégrité. L'Angleterre ne peut pas prétendre avoir droit de conquête sur le Soudan, vu que l'Égypte n'a jamais renoncé à son autorité sur ce pays. Même en admettant que le khédive l'ait cédé ou aliéné, cet acte serait nul, vu qu'aucun firman ne l'y autorisait. L'Angleterre elle-même a reconnu, lors du conflit de Fachoda, que le Soudan n'était ni *res nullius* ni *res derelicta,* mais possession égyptienne et c'est grâce à cette déclarationqu'elle obtint de la France l'évacuation de Fachoda.

Actuellement, le Soudan est divisé en quatorze provinces, dont quelques-unes restent soumises au régime militaire. Plusieurs chemins de fer construits de nos deniers et arrosés de nos sueurs et de notre sang relient les principales localités ; des ponts sont jetés sur le Nil bleu et sur le Nil blanc ; un port est aménagé sur la mer Rouge ; on l'a nommé Port-Soudan. Il est destiné à détourner de l'Égypte une grande partie du trafic commercial qui a suivi, jusqu'à nos jours, le cours du Nil. Les Égyptiens auront ainsi payé les frais d'une entreprise désastreuse pour leur prospérité future. Le Soudan est l'âme de l'Égypte ; elle ne saurait s'en séparer : celui qui en est maître détient le Nil ; or, le Nil, c'est l'Égypte.

Le colonel sir Colin Scott Moncrieff, ancien sous-secrétaire d'État au ministère des Travaux publics du Caire, a émis la même opinion : « Si une nation civilisée s'installe sur le Haut-Nil, elle établira sûrement des vannes régulatrices en travers de l'émissaire du Victoria-Nyanza et réglera cette grande mer, comme Manchester règle Thirlemer.

« Ce serait une opération facile. Une fois réalisée, l'alimentation du Nil serait aux mains de cette nation, et si la pauvre Égypte avait le malheur d'être en guerre avec le peuple occupant le Nil supérieur, elle serait exposée à être asséchée ou noyée au gré de son adversaire. » (*Communication à la Royal Institution*, 1er octobre 1895).

En outre, le Soudan devenu anglais compromettrait la liberté commerciale des puissances en monopolisant le commerce de l'Afrique orientale.

Le Soudan, dépendance de l'Égypte, doit rester partie intégrante de l'Empire ottoman. Le Soudan, qui nous appartenait avant 1899, nous appartient donc aujourd'hui encore, en dépit des prétentions et des envahissements illégaux et usurpateurs de l'Angleterre.

CHAPITRE IX

L'occupation et le protectorat anglais au point de vue du droit international

Nous avons constaté que l'Angleterre a longtemps reconnu le caractère provisoire de sa présence en Égypte. (Voir aussi Appendice.) Depuis quelques années, cependant, ses hommes d'État n'ont plus parlé d'évacuation. Le 13 juin 1910, sir Edward Grey osa même déclarer à la Chambre des Communes que «l'Angleterre ne saurait présentement abandonner l'Égypte sans déshonneur».

Remarquons que l'Angleterre ne saurait transformer en droit un fait qui viole le droit; qu'en l'espèce, il ne peut y avoir prescription; qu'elle n'avait *aucun droit d'intervenir;* que l'indépendance étant le droit des États, *son intervention a été illégitime,* et que rien de nouveau ne peut être allégué pour justifier la présence des troupes britanniques dans la vallée du Nil.

Y avait-il *état de guerre* quand l'Angleterre s'est introduite en Égypte? — Non. — L'Égypte n'avait pas la qualité de belligérante, puisqu'elle était alors, comme aujourd'hui, un État vassal de la Turquie.

Le droit international ne reconnaît la faculté d'intervention dans les affaires de l'Empire ottoman que lorsque celle-ci est collective. L'Angleterre peut-elle prétendre qu'elle a reçu son mandat d'intervention de l'Europe? — Non, elle est intervenue *proprio motu,* sans y être autorisée.

Lors de la Conférence de Constantinople, en 1882, l'Allemagne, la Russie, l'Autriche et l'Italie décidèrent que la question égyptienne était «une question d'intérêt européen général soumise à l'action collective des Puissances». Plus tard, l'Angleterre fit des démarches confidentielles et persévérantes auprès des Puissances pour arriver à ses fins. Bismarck, au courant de ces sollicitations incessantes de la Grande-Bretagne pour obtenir des Puissances le blanc-seing dont elle avait besoin, s'accorda le plaisir de les divulguer devant le Reichstag, en ces termes railleurs : « Le Gouvernement de la reine, en moins de huit mois, nous a adressé 128 Notes, formant un total de 700 pages, plus que nous n'en avons reçu en 23 ans de toutes les puissances réunies ! » (le 2 mars 1885).

En 1887, la France et la Russie protestèrent contre une convention anglo-turque qui accordait à l'Angleterre le droit de réoccuper l'Égypte. Le rôle protestataire de la France n'a d'ailleurs jamais varié jusqu'en 1904. A partir de cette date, il semble qu'elle abandonne, en même temps que ses intérêts, sa sympathie historique pour une nation qui s'est toujours considérée comme sa fille intellectuelle, puisqu'elle s'engage à ne plus exiger « qu'un terme soit fixé à l'occupation britannique ». L'homme néfaste qui a sacrifié en même temps que les intérêts de son pays ceux de l'Égypte, est l'anglophile Delcassé. N'est-ce pas encore cette anglophilie exagérée qui est cause de son récent départ du ministère Viviani ?

Cette volte-face de la part de la France ne peut rien changer à la situation juridique de l'Égypte qui, ainsi que nous l'avons démontré, repose sur l'accord européen. Seul, cet accord pourrait, avec le consentement de la Turquie, la modifier. Il va sans dire qu'aucun changement ne peut être apporté sans que le peuple égyptien l'accepte ; c'est lui qui doit, en dernier ressort, statuer sur sa destinée. La France et l'Angleterre unies n'auraient pas qualité pour le faire.

L'Angleterre serait-elle intervenue sur *l'appel du souverain ?* Nous savons que le Sultan a maintes fois affirmé sa volonté de régler lui-même ses affaires en Égypte et protesta fréquemment contre la présence des troupes anglaises. Si nous passons en revue tous les modes d'acquisition de droit international, nous constatons qu'aucun n'est applicable à la situation de l'Angleterre en Égypte. Nous avons déjà dit un mot du droit de conquête, en parlant du Soudan. Quant à la conquête brutale, elle est assimilable au vol.

Y a-t-il eu *cession?* Non, les firmans l'interdisent aux khédives et l'Angleterre n'a jamais traité avec la Turquie pour en obtenir une quelconque.

Il n'y a pas eu non plus *occupation*. Celle-ci n'est légitimée que lorsque la prise de possession a lieu sur un territoire qui n'appartient à aucun État, ou qui a été abandonné. En outre, toute prise de possession doit être notifiée aux Puissances. Or, l'Égypte avec ses dépendances, n'est ni *res derelicta* ni *res nullius* et aucune notification n'a jamais été faite par l'Angleterre.

Quant au *protectorat* qu'elle vient de proclamer, il a été établi au mépris du droit des gens. Pour qu'il y ait protectorat, il doit y avoir traité conclu entre deux États souverains, c'est-à-dire tout à fait indépendants. Rien de pareil ne peut être invoqué par l'Angleterre. Sa présence en Égypte n'est appuyée sur aucune base juridique ; elle s'y maintient uniquement par la force.

Ainsi, non contente de violer délibérément un traité international qu'elle avait signé, l'Angleterre a renié les engagements solennels de ses hommes d'État les plus éminents.

L'Angleterre, disait Sir William Harcourt, Home Secretary le 15 avril 1884, n'a nulle intention d'annexer l'Égypte et ne se reconnait aucun droit de le faire, ce serait une mesure impolitique, l'annexion de Chypre a été regrettable. Ni annexion ni protectorat ! Nous évacuerons l'Égypte dès que la sécurité et la tranquillité y seront assurés.

Et Lord Salisbury déclarait en 1889 :

Nous ne pouvons proclamer notre protectorat sur l'Égypte ni notre intention d'une occupation effective et perpétuelle. Ce serait manquer aux engagements internationaux souscrits par l'Angleterre.

L'Angleterre a pris comme prétexte, pour entrer dans la guerre actuelle, la violation de la neutralité de la Belgique.

Mauvais prétexte ; il n'est personne qui ne sache aujourd'hui que la Grande-Bretagne n'avait qu'un but en entrant dans le conflit : abattre une rivale par qui elle se croyait menacée dans son commerce et sa suprématie maritime.

Au surplus, comment l'Angleterre ose-t-elle reprocher à d'autres de violer les traités, elle qui depuis plus de trente ans viole le droit en Égypte, pour ne parler que de ce pays !

Quelle différence y a-t-il entre l'Angleterre déchirant le traité de Londres, trahissant sa parole d'honneur, faisant fi de ses promesses et de ses engagements les plus précis et les plus formels, et ceux contre qui elle est partie en guerre soi-disant parce qu'ils ne respectèrent pas la neutralité de la Belgique ? Quel pays considéra le premier les traités comme des chiffons de papier ? Si c'est vraiment pour défendre la Belgique et les droits du peuple belge que l'Angleterre a pris les armes, comment se fait-il que, dans le même temps, elle étouffe un autre peuple qui, lui aussi, a droit à l'existence ? Y aurait-il pour l'Angleterre deux justices et deux droits ? Si elle était vraiment le champion des droits des peuples, comme elle le prétend, une occasion unique se présentait à elle de le prouver en Égypte ; il lui suffisait de faire un geste libérateur, de rendre la liberté aux Égyptiens, ce qui ne l'empêchait pas d'assurer, par des traités, ses intérêts économiques.

La proclamation du protectorat anglais a décidé la Turquie, pays suzerain de l'Égypte, à envoyer une armée pour sauvegarder ses droits et délivrer la vallée du Nil. Les partisans de l'Angleterre et les journaux à sa solde répandent le bruit que si les Turcs entrent en Égypte, ils s'empresseront d'abolir l'autonomie et les privilèges de ce pays et en feront une simple province turque telles que l'Anatolie et la Syrie. Et alors malheur aux Égyptiens, car on connaît l'Administration ottomane ! Pour couper court à ces bruits, le gouvernement turc a fait, concernant ses intentions sur l'Égypte, une déclaration très nette, sous forme d'un iradé du sultan Mahomet V dans lequel il dit entre autres :

« *Je suis certain, qu'avec l'aide de Dieu, mon armée impériale réussira à vous délivrer de l'influence de l'ennemi et de son immixion dans vos affaires et à vous rendre votre autonomie et vos libertés. Je suis certain que l'amour de leur Patrie engagera mes fils égyptiens à prendre part à cette guerre de libération, avec tout le zèle dont ils sont capables.* »

Le gouvernement turc sait parfaitement que si le peuple égyptien a montré en toutes circonstances et particulièrement lors des guerres de Tripolitaine et des Balkans son attachement à la Turquie, c'est précisément parce que la suzeraineté turque, tout en n'étant que nominale, constitue cependant à ses yeux une sauvegarde contre l'Angleterre. Il sait aussi que le jour où la Turquie voudrait supprimer l'autonomie de l'Égypte et prendre la place de l'Angleterre, la sympathie des Égyptiens se changerait en haine. Nous croyons que le gouvernement jeune-turc a assez de sens politique pour ne pas commettre une telle faute.

Les partisans de l'Angleterre disent aussi qu'à défaut des Turcs, ce seront leurs alliés, les Allemands, qui s'empareront de l'Égypte pour ne plus la lâcher. Cette supposition est bien hasardée ; il faudrait que l'Allemagne anéantît d'abord l'armée turque et prît possession de la Turquie, ce que les Allemands, même s'ils en avaient le pouvoir, ne feraient jamais, pour ne pas perdre le bénéfice de l'amitié de l'empire ottoman et de tout l'Orient musulman.

Le gouvernement anglais pousse même l'hypocrisie jusqu'à faire dire chez les neutres que son protectorat équivaut à l'indépendance, et certaine presse servile se fait l'écho de ces allégations mensongères. (1) On n'a cependant jamais vu qu'un pays fût à la fois protégé et indépendant.

(1) Nous regrettons que divers journaux de la Suisse romande nous aient fermé leurs colonnes pour les ouvrir largement à un ex-agitateur-révolutionnaire égyptien devenu agent provocateur et dénonciateur au service de l'Angleterre. Cet individu qui s'affuble du titre de cheikh (chef religieux, ô ironie!) a été dénoncé publiquement à Genève avant la guerre par plusieurs quotidiens qui le dénommaient même le « Gapone égyptien », faisant ainsi un rapprochement entre ce triste personnage et le prêtre russe de néfaste mémoire qui, comme on le sait, avait indignement trahi les siens.

La perfidie des hommes d'Etat anglais surpasse leur hypocrisie. Non contents d'avoir détrôné le khédive, ils essayent d'attirer à eux le fils aîné d'Abbas Hilmi II. Profitant de son séjour en Suisse, ils ont tenté de le suborner par l'intermédiaire d'un de leurs agents, mais ils s'étaient trompé d'adresse ; le jeune prince répondit fièrement à leur envoyé : « Je ne trahirai ni mon père ni mon pays. »

Le dessein de l'Angleterre est clair ; elle a laissé vacant le poste de prince héritier et voudrait, pour se rendre favorable le peuple égyptien, proclamer le fils du khédive héritier du trône du sultanat d'Égypte qu'elle a créé. Ayant échoué près du jeune prince, on dit qu'elle voudrait négocier avec le khédive lui-même, dans l'espoir de gagner le fils par un arrangement avec le père. Mais il serait incompréhensible que le souverain qui a refusé de se plier aux exigences de l'Angleterre, geste qui lui a valu un surcroît de popularité en Égypte, se prêtât à des intrigues de ce genre.

Voilà comment l'Angleterre, prétendue libérale, a agi en Égypte.

Certains de ses admirateurs, il est vrai, nous ont dit plus d'une fois : Voyez le Canada, l'Australie, le Transvaal : l'Angleterre leur a accordé l'autonomie et ils sont parfaitement heureux.

Mais ils oublient que le Canada et l'Australie sont peuplés presque en totalité d'Anglais et que l'autonomie a donc été octroyée en réalité à des fils d'Albion. D'ailleurs, pour arriver à la situation actuelle, l'Angleterre a abruti par l'alcool la population autochtone, et l'a presque entièrement massacrée ; il n'en reste plus actuellement que quelques rares spécimens, réduits à vivre dans les forêts et les déserts.

Quant au Transvaal, devons-nous rappeler que l'Angleterre a dû le soumettre par une guerre sanglante, le détruire à demi et réduire à merci dans des camps de concentration sa malheureuse population, pour pouvoir ensuite faire le geste de lui rendre une partie de la liberté qui lui avait été ravie ? L'Angleterre a supprimé deux républiques indépendantes pour englober leur territoire dans son système de gouvernement sud-africain et assurer ainsi ses intérêts au détriment des leurs. Les événements actuels ont, du reste, montré que la majorité des Boërs ne s'est pas résignée à subir le bonheur qui leur était imposé, puisqu'ils se sont révoltés et que l'Angleterre a dû les combattre et les écraser une seconde fois. Il est vrai que les Anglais insinuent que les héroïques Boërs, Dewet, Maritz et Beyers étaient vendus à l'Allemagne. Quelle infamie!

Par la déclaration du protectorat, l'Angleterre a commis non seulement un crime sans précédent contre le droit et l'humanité, mais encore une faute politique grave et dont les conséquences lui coûteront cher. Si, par malheur, le conflit actuel n'apporte pas la libération de l'Égypte, notre peuple se révélera un ennemi irréductible.

Déjà la révolte contre l'Angleterre gronde dans tous les cœurs, et malgré la force armée et le régime de fer installé sur tout notre territoire, elle a commencé à se manifester par les attentats commis dernièrement contre le Sultan nommé par le gouvernement britannique et contre le ministre des Wakfs.

Jamais le peuple égyptien n'acceptera ni son sultan ni son protectorat. Ce dernier n'a, du reste, aucun effet sur la situation internationale de l'Égypte, qui, au point de vue juridique, demeure exactement ce qu'elle était avant le geste anglais et telle que l'ont définie tous les auteurs de droit international.

Le célèbre professeur russe de Martens dit dans son traité de droit international public :

« *Malgré l'occupation de l'Angleterre, malgré l'abdication des gouvernements européens devant la ténacité de la Grande-Bretagne, le traité de Londres de 1840 conserve sa validité. La situation juridique du gouvernement égyptien a été créée par l'entente juridique de l'Europe et cette même entente est nécessaire pour la modifier ou la détruire.* »

CHAPITRE X

Le Mouvement national

La nation égyptienne, inspirée par le mouvement libérateur et rénovateur qui, de la France, se propagea pendant et après la Révolution sur l'Europe entière, a eu dès lors constamment sa petite phalange de patriotes. Le sentiment national, réveillé en 1881, a été, comme nous l'avons vu, brutalement comprimé par l'occupation anglaise, mais il n'a jamais cessé de protester contre l'asservissement de la patrie. Il a la tâche magnifique et difficile que nous allons résumer en ses quelques traits essentiels :

1° Réclamer l'évacuation du pays par les troupes anglaises, et l'autonomie de l'Égypte, telle qu'elle a été établie par le traité de Londres de 1840 et confirmée par les nombreux firmans qui l'ont suivi.

2° Travailler à l'établissement d'un gouvernement constitutionnel qui mettrait fin à un régime arbitraire et despotique.

3° Accepter le contrôle financier de l'Europe, tant que l'Égypte restera sa débitrice et qu'elle l'exigera.

Moustafa Kamel pacha a été l'initiateur du Mouvement actuel.

Cet ardent patriote fit ses études de droit à Toulouse, où il s'initia aux idées civilisatrices de l'occident. Résolu à travailler par tous les moyens légaux à l'émancipation de sa patrie, il fonda en 1899, le journal *Al-Lewa,* qui prit très vite une extension extraordinaire. Ses succès comme orateur égalèrent ceux de l'écrivain. Il ouvrit au Caire une école qui porte son nom et qui a compté jusqu'à six cents élèves. Il fonda deux autres journaux, *L'Étendard,* en langue française, et le *Standard,* en langue anglaise, qui furent ses moyens d'opposition les plus puissants au joug anglais.

Moustafa Kamel parcourut l'Europe en tous sens pour entrer en relation avec les personnalités les plus influentes de la politique et du journalisme. Citons pour la France Mme Juliette Adam, qui l'aida beaucoup dans sa tâche et l'appelait son *fils intellectuel,* et M. Pierre Loti, dont les sympathies pour l'Égypte sont connues et qui dans son ouvrage *La mort de Philæ* a si bien montré l'influence fâcheuse des Anglais. Sa correspondance avec Gladstone, qu'il amena à exprimer publiquement ses sympathies pour l'émancipation de l'Égypte de la tutelle britannique, est restée un document historique d'une grande valeur. Voici une lettre de Gladstone qui a été publiée dans *Les Débats* et dans *Le Figaro* en date du 3 février 1896 :

Cher Monsieur,

J'éprouve de la sympathie pour les sentiments que vous professez en votre qualité d'Égyptien, tels, du moins, que je les comprends. Mais je n'ai absolument aucune influence. Mes opinions ont toujours été les mêmes: nous devons sortir de l'Égypte après avoir accompli, avec honneur et au profit de ce pays, l'œuvre pour laquelle nous y sommes allés. Autant que je puis m'en rendre compte, le moment de l'évacuation était arrivé il y a quelques années.

Quand j'étais dernièrement au pouvoir, j'ai espéré que les autres gouvernements me viendraient en aide pour le règlement de cette importante affaire. Les démarches de M. Waddington, en 1892, m'encouragèrent dans cette espérance, mais dans la suite aucune sanction à nos prévisions ne fut donnée à ces démarches ; pour quelle raison? Je n'en sais rien.

Je me suis expliqué au Parlement, en 1893, et je n'ai rien à ajouter à mes explications, sinon que j'étais disposé à faire de mon mieux pour leur donner une conclusion. Depuis, je me suis entièrement retiré du gouvernement. Je ne suis plus maintenant qu'un simple citoyen de mon pays.

J'ai l'honneur d'être votre bien dévoué

W.-E. Gladstone.

En 1906, eut lieu l'affaire tragique de Denchawaï que nous résumons ici rapidement : Un vieux paysan qui accompagnait comme interprète des officiers anglais en civil, en partie de chasse, les informa que, l'année précédente, les Anglais avaient exaspéré des fellahs en leur tuant leurs pigeons. Malgré cet avertissement, le braconnage de messieurs les officiers recommence. Les fellahs accourent de tous côtés pour défendre leur bien. A la suite d'une bagarre, on compte trois blessés du côté des Égyptiens et trois du côté des Anglais. L'un de ceux-ci, le capitaine Bull, s'étant sauvé, parcourt cinq kilomètres par une chaleur de 42 degrés et tombe mort d'insolation. Les soldats anglais envahissent un village voisin de Denchawaï et y tuent un fellah.

La presse anglaise s'empara de cet incident qu'elle grossit démesurément. Un tribunal d'exception fut réuni. Cinquante accusés y firent leur déposition en moins d'une heure : quatre paysans furent condamnés à la pendaison, deux aux travaux forcés à perpétuité, un à quinze ans, six à sept ans, trois à un an et à la flagellation publique, et enfin cinq à la flagellation simple, c'est-à-dire à 50 coups de courbache.

Ajoutons que les soldats anglais qui, dans cette affaire, avaient tué un homme et blessé une femme et trois hommes ne furent pas poursuivis.

Les exécutions furent impitoyables ; les parents n'eurent pas la permission d'approcher les suppliciés. L'indignation fut générale dans toute l'Égypte. Moustafa Kamel s'en fit l'organe dans une protestation véhémente adressée au *Figaro* (11 juillet 1906).

Sir Edward Grey, pour se justifier, parla à la Chambre des Communes d'un prétendu réveil de fanatisme musulman. C'est un argument commode pour justifier une politique inavouable.

La campagne patriotique et humanitaire de Moustafa Kamel, remarquons-le à l'honneur de la nation anglaise, aboutit à la libération des condamnés, à la suite d'une initiative généreuse encouragée par sir Campbell Bannermann, premier ministre. Par son attitude en cette affaire, il confirma les Égyptiens dans la bonne opinion qu'ils avaient de son libéralisme, plus conséquent et plus hardi que celui de Gladstone, et dans la conviction qu'il aurait favorisé et réalisé l'affranchissement de leur patrie, s'il avait vécu. Mais les morts, victimes de cette affaire, parleront longtemps encore au peuple égyptien des *bienfaits* de l'occupation anglaise.

Moustafa Kamel, mort prématurément, fut pleuré par toute l'Égypte. On lui fit des obsèques nationales. Il n'est plus, mais son œuvre lui survit.

Mohamed Bey Farid fut élu chef du parti national. Un *Comité permanent de la Jeunesse égyptienne en Europe,* que j'ai l'honneur de présider, s'est fait connaître officiellement dès 1908. Il a son siège à Genève. Son programme politique se résume en deux lignes : délivrance de la tutelle britannique, régime constitutionnel, autonomie nationale basée sur les traités internationaux, propagande destinée à éclairer l'opinion mondiale par la presse, par les conférences et les congrès, sur les aspirations de l'Égypte, sur sa situation politique et sur les visées égoïstes de l'Angleterre.

Notre Comité a réuni un Congrès à Genève, en septembre 1908 ; tous les Égyptiens résidant en Europe y furent représentés. En 1909, un second Congrès groupa également à Genève, des représentants des partis politiques de l'Égypte, beaucoup de patriotes indépendants et un grand nombre d'Européens, sympathiques à notre cause, parmi lesquels on remarqua quatre membres du Parlement anglais représentant les partis socialiste et irlandais. Toutes les questions vitales pour l'Égypte y furent étudiées.

Pour montrer que le mouvement émancipateur égyptien n'était pas hostile à la nation anglaise, l'auteur de ce travail reproduit ici les paroles qu'il adressait à son auditoire de 1909. «Ce qui nous encourage le plus, disait-il, dans l'état d'oppression politique que le sort nous a fait, c'est de constater combien nous comptons encore d'amis dans les divers pays civilisés, y compris celui-là même dont le gouvernement et la diplomatie s'exercent depuis 27 ans à nous opprimer, et qui nous considère comme des êtres nés pour son service.

» A son honneur cependant, la nation anglaise a compté de tout temps des hommes avertis par leur cœur, et éclairés par leur bon sens, qui combattirent et répudièrent la politique de domination. Plusieurs de ces hommes, devenus nos dévoués amis, n'hésitent plus à unir leurs efforts aux nôtres. En faut-il une preuve plus concluante que la présence parmi nous de quelques-uns des plus distingués d'entre eux ?

« Il se pourrait toutefois, chers amis de Grande-Bretagne, que quelques expressions plus ou moins vives fussent prononcées au cours de ce Congrès ; mais soyez-en sûrs, ces expressions ne vont qu'à l'envahissant impérialisme anglais et non pas à la nation elle-même que nous estimons fort. Notre intention est d'éclairer votre peuple sur les errements de la politique impérialiste, telle qu'elle semble acceptée par son gouvernement actuel, lequel en suivant la politique de ses prédécesseurs, contribue plutôt à desservir l'intérêt et la dignité de l'Angleterre qu'à les sauvegarder. »

Ces manifestations ont produit en Europe un mouvement d'opinion très favorable à nos revendications.

Qu'il nous suffise de citer un fragment de l'article de tête paru dans le journal *Le Temps* la veille du Congrès et intitulé « La jeune Égypte » : *Il faut,* dit cet organe, *avant même de savoir l'intérêt de ces divers travaux, féliciter les jeunes Égyptiens de manifester, après tant d'années de sommeil social, leur souci des destinées de l'Égypte. Il est bon que cette génération nouvelle se préoccupe de la chose publique. Si jamais elle doit arriver au pouvoir, trouver dans le self-government la réalisation de ses espoirs, c'est par l'étude des problèmes gouvernementaux et administratifs qu'elle y parviendra . . .*

Notre Comité a eu plusieurs autres grandes réunions, avec moins de solennité, mais non sans succès. Beaucoup d'hommes influents y assistaient, entre autres Keir Hardie, leader du parti socialiste à la Chambre des Communes, qui présida l'assemblée de 1910.

En novembre de cette même année, nous avons adressé un manifeste distribué à plusieurs centaines de milliers d'exemplaires, aux électeurs de la Grande-Bretagne.

Ce manifeste énumérait la plupart de nos griefs contre la politique et l'administration anglaises en Égypte : les lois spéciales contre la presse, contre le droit de réunion ; la désorganisation de l'instruction populaire ; l'exclusion des Égyptiens des postes importants de l'administration au profit de jeunes gens pour la plupart incapables et ignorant les mœurs et les besoins de notre peuple, et enfin la transformation de l'économie générale au profit du capitalisme anglais.

Dans chacune de nos réunions, nous envoyâmes au khédive des dépêches en faveur du rétablissement en Égypte de la Constitution, ainsi qu'au Gouvernement anglais pour lui rappeler ses promesses réitérées d'évacuation. Nous ne mentionnerons que celle de 1909 adressée au Parlement et celle de 1912 au gouvernement.

Messieurs les membres de la Chambre des Communes,
Londres.

Les représentants de la Jeunesse égyptienne résidant en Europe, des éléments intellectuels et des partis politiques organisés d'Égypte, réunis en Congrès à Genève, viennent en ce jour anniversaire de l'entrée de l'armée anglaise au Caire, saluer très respectueusement les représentants de la Grande-Bretagne.

Confiants dans l'esprit libéral de votre assemblée, ils se permettent de lui rappeler la promesse réitérée du gouvernement britannique d'évacuer le territoire égyptien, et ils sollicitent de votre haute autorité, qu'elle s'applique à faire respecter la parole donnée.

En conséquence, les raisons de cette occupation n'existant plus dès longtemps, ils vous prient, pour le plus grand honneur de la nation anglaise, d'obtenir le retrait des troupes qui occupent le territoire de leur patrie.

Mohamed Fahmy,
Président.

Monsieur Asquith, Premier Ministre, Londres.
Monsieur le Président,
Messieurs les Ministres,

Comme il en a pris la coutume depuis nombre d'années, le Comité permanent de la Jeunesse Égyptienne en Europe s'est réuni à Genève, le 14 septembre courant, anniversaire de l'entrée des Anglais au Caire. Il a décidé de rappeler à Vos Excellences les promesses solennelles faites par le gouvernement britannique d'évacuer l'Égypte.

Constatant que la présence prolongée des troupes anglaises en Égypte constitue une violation flagrante de ces engagements, une humiliation et une charge pour la nation égyptienne, nous avons été surpris en apprenant que, dans son discours du 22 juillet dernier, M. Winston Churchill, établissant le programme naval de l'Empire britannique, prétendrait faire d'Alexandrie une station navale destinée à la défense de la politique impériale.

Un tel procédé d'empiètement, Messieurs les Ministres, constituerait un oubli éclatant des promesses faites par les plus illustres d'entre vos prédécesseurs. En acceptant sans protester que l'Angleterre utilise leur territoire national au service de vos projets, les Égyptiens renonceraient criminellement à leurs droits reconnus. C'est pourquoi nous protestons. En conséquence, nous vous demandons pour la dignité de la grande nation anglaise de retirer les troupes d'occupation.

Fahmy, Président.

Voici encore l'adresse que nous avons fait parvenir au khédive lors de son séjour à Genève, en 1912.

Altesse

Lors de votre passage à Genève, en juillet 1908, vous avez daigné recevoir une délégation de Jeunes-Égyptiens dont j'avais l'honneur de faire partie. Nous avons alors présenté à Votre Altesse une adresse pour demander le rétablissement de la Constitution égyptienne. Dans cette adresse, nous disions entre autres :

Ce qui nous encourage dans cette démarche, c'est le souvenir encore présent à toute mémoire de la déclaration faite par votre Altesse qu'Elle est constitutionnelle et que la nation égyptienne est apte à se gouverner elle-même.

Nous ne doutons pas que l'amélioration survenue récemment dans les rapports entre Votre Altesse et le gouvernement anglais ne facilite le rétablissement de cette constitution dont l'Égypte a été privée par la puissance occupante en 1882 pour des raisons qui ne sauraient plus être invoquées aujourd'hui, et ainsi le monde entier verra que ce rapprochement n'est fait que dans l'intérêt de l'Égypte et des Égyptiens.

Nous ne pouvons oublier ni le bon accueil que votre Altesse nous a fait, ni les éloges qu'Elle a prononcés à propos de la nation égyptienne, et de la jeunesse avide de s'instruire. Vous vous êtes montré satisfait de voir que les idées de progrès ont pénétré, non seulement parmi les intellectuels, mais encore dans toutes les classes de la population.

Ces bonnes paroles pouvaient faire espérer une ère meilleure que malheureusement nous attendons encore.

Depuis notre visite, le Comité de la Jeunesse égyptienne en Europe a organisé plusieurs réunions solennelles à Genève. Nous ne pouvions pas manquer au devoir patriotique d'envoyer à Votre Altesse, lors de chacune de ces réunions, une dépêche insistant sur le rétablissement de la constitution.

Parmi ces nombreuses dépêches, une mérite surtout d'être citée :

Les représentants de la Jeunesse égyptienne en Europe, des éléments intellectuels du pays et des partis politiques organisés, réunis en Congrès à Genève, adjurent respectueusement leur souverain de rétablir le Parlement indispensable à la vitalité de l'Égypte, de manière à permettre à son peuple de collaborer avec son Altesse à la direction des affaires de la Patrie.

Quoique jusqu'ici rien ne soit venu satisfaire les légitimes revendications de la nation, nous persistons à croire que vos sympathies constitutionnelles sont toujours les mêmes et que vos opinions concernant l'aptitude de votre peuple n'ont pas varié.

En conséquence, nous venons, une fois encore, vous prier d'accorder le régime constitutionnel à votre peuple. Ce régime seul pourrait mettre fin à un état de choses incompatible avec l'esprit de libéralisme qui anime notre époque, et permettrait aux contribuables égyptiens de contrôler les finances, lesquelles sont actuellement en mauvais état, alors qu'elles furent prospères avant l'entente franco-anglaise. Leur prospérité était due au rigoureux contrôle international, malheureusement très relâché dès 1904. Cette initiative généreuse prise par Votre Altesse graverait votre nom dans le cœur du peuple comme dans l'histoire. Quant au Gouvernement britannique, il ne pourrait s'opposer à ce noble geste qu'en violant les traditions libérales de la nation anglaise et en soulevant l'opinion publique générale à laquelle nous ferions appel comme à cette force irrésistible que les gouvernements les plus forts sont tenus de respecter.

Respectueusement

Mohamed Fahmy,
Président du Comité permanent de la Jeunesse égyptienne.

Notre Comité a chargé M. Keir Hardie (1) de correspondre avec les organisations nationales égyptiennes, pour les engager à unir leurs efforts et à se réunir au Caire, à la conférence projetée par notre Congrès de 1909, conférence dont la tâche serait de remédier à la négligence voulue du gouvernement actuel dans tout ce qui a trait à l'éducation et à l'instruction de la nation égyptienne et d'étudier les moyens d'établir un système d'enseignement libre et indépendant de l'État. Ces démarches n'ont pas abouti, grâce aux intrigues de lord Kitchener.

(1) Au moment où nous préparons cette seconde édition, nous avons la douleur d'apprendre la mort de M. Keir Hardie. L'Égypte perd en lui un ardent défenseur, et nous-même un ami fidèle. Au milieu des passions déchaînées, il était demeuré presque isolé et il a succombé à la tâche humanitaire qu'il s'était donnée. Nous rendons ici un dernier hommage à sa mémoire.

Quoique la mort de Mustafa Kamel ait été une perte irréparable pour l'Égypte, le triomphe du mouvement national dans l'affaire du Canal de Suez, a prouvé sa vitalité. La nation tout entière s'est élevée contre une tentative d'accaparement qui eût compromis gravement son avenir politique et sa situation financière en accordant à la Compagnie une prolongation de sa concession d'une durée de 40 ans, et cela 59 ans avant l'échéance. Voici ce que disait, à ce propos, un correspondant spécial du *Temps* le 28 avril 1910 : *On sait par ce que j'ai dit dans mon précédent article que l'idée jeune-égyptienne a réalisé depuis d'autres conquêtes, et que le rejet du nouveau contrat avec la Cie du Canal de Suez notamment, peut être considéré comme un nouvel échec pour la politique de l'occupation...*

Qu'a fait jusqu'ici le Mouvement national pour l'instruction publique ?

Il a créé une Université nationale dont les Anglais se sont emparés après avoir tout fait pour en empêcher la réalisation.

Il a fondé divers établissements d'instruction indépendants du gouvernement, des écoles d'arts et métiers, dont celle d'Alexandrie a une réputation méritée, et un grand nombre d'écoles primaires dans les campagnes.

Notre jeunesse s'expatrie à la recherche des lumières civilisatrices de l'Occident et rentre au pays avec un arsenal d'armes pacifiques fournies par la science et par les principes de liberté qui y sont en faveur.

L'Angleterre a toujours vu de fort mauvais œil ces aspirations émancipatrices et a cherché constamment à les étouffer par d'innombrables vexations.

Avant la guerre déjà, nous l'avons vu, la presse égyptienne était muselée ; après l'ouverture des hostilités, elle fut complètement étouffée.

Les représentants du Parti national, pour faire entendre la voix du pays, ont cru devoir fonder à Genève un journal, l'*Écho de l'Égypte*, rédigé par M. Mohamed Farid bey, quelques patriotes égyptiens et quelques journalistes suisses amis de notre cause. Cet organe, dont j'avais l'honneur d'être le directeur n'eut qu'une courte existence, car il fut supprimé par le Conseil fédéral suisse après le deuxième numéro. Fort surpris de cette mesure, le journal étant très modéré dans son fond et dans sa forme, nous ne jugeâmes pas à propos de protester, laissant aux lecteurs le soin de juger cet acte du gouvernement suisse.

CONCLUSION

Comme conclusion au rapide exposé que nous avons fait de la *Question égyptienne,* nous demandons, dans l'intérêt de l'Europe et au nom de l'Égypte, qui réclame depuis longtemps son autonomie, l'évacuation des territoires dits de la vallée du Nil. Ce que nous revendiquons-là n'a rien que de légitime, l'Angleterre l'a reconnu elle-même et s'y est engagée à plusieurs reprises devant le monde entier. Lord Granville, répondant à l'ambassadeur français (juin 1884), prit l'engagement de retirer les troupes d'Égypte au commencement de l'année 1888. En mai 1887, une convention fut signée à Constantinople par l'Angleterre et la Porte, aux termes de laquelle les troupes anglaises devaient quitter l'Égypte dans un délai de trois ans.

Voici encore quelques-uns des engagements pris au nom du peuple anglais par plusieurs de ses hommes d'État : d'abord une déclaration de Gladstone, premier ministre, à la Chambre des Communes et de lord Granville, à la Chambre des Lords, en juillet 1882 : *La Grande-Bretagne n'a aucune visée ambitieuse en Égypte. Elle n'y envoie des troupes que pour rétablir l'ordre et rendre au khédive l'autorité qu'il a perdue. Elle a l'intention formelle de soumettre au concert européen le règlement définitif de la question égyptienne.*

En novembre de la même année, Gladstone fit la déclaration suivante à la Chambre des Communes :

... *L'occupation n'est que provisoire et le gouvernement de Sa Majesté en déterminera prochainement les conditions, d'accord avec le gouvernement égyptien.*

En juin 1884, il s'exprimait en ces termes devant la même Chambre : *Nous prenons l'engagement de ne pas prolonger l'occupation militaire en Égypte au-delà du Ier janvier 1888, si les puissances déclarent alors que l'état du pays permet notre départ sans risque pour l'ordre de l'Égypte. Si nous avions l'intention de paralyser l'action des puissances par notre résistance, lorsque le moment sera venu de s'exécuter, si nous avions de pareilles idées, il n'y aurait plus à parler de l'honneur de notre pays!*

Dans un manifeste électoral du 18 septembre 1885, il disait encore : . . . *La politique anglaise en Égypte est fondée sur une erreur, et ce qu'il y a de mieux à faire, en un tel cas, c'est de mettre promptement fin à une pareille intervention!*

Déclaration de lord Salisbury, au banquet du lord-maire, en novembre 1886 : *De l'aveu de tous les ministres qui se sont succédé depuis quatre ans, l'occupation anglaise du Delta est destinée à prendre fin, et les paroles dont l'Europe prend acte, ont pour effet d'empêcher la prescription de s'établir.*

Déclaration de Charles Dilke, dans un discours prononcé à Sidney, en janvier 1892 : *L'Angleterre a pris l'engagement d'évacuer l'Égypte aussitôt qu'un gouvernement stable s'y serait établi: aujourd'hui, le moment est venu d'évacuer, non seulement parce que nous l'avons promis, mais parce que c'est notre intérêt de le faire.*

Déclaration de Campbell Bannermann au *Neues Wiener Journal* (du 9 octobre 1894) : *Nous ne saurions rester indéfiniment en Égypte, sans violer nos plus solennels engagements et rendre notre caractère méprisable aux yeux de l'Europe.*

Déclaration de lord Salisbury à M. de Courcel (le 12 octobre 1898) : *La vallée du Nil a appartenu et appartient toujours à l'Égypte.* (Voir dans l'Appendice d'autres déclarations sur le même sujet.)

Dans la conclusion de la première édition de cette brochure, nous faisions suivre ces déclarations des réflexions suivantes :

La violation d'engagements pris dans de telles conditions de publicité, d'engagements devenus partie intégrante de l'histoire contemporaine, aurait indubitablement des conséquences fâcheuses. Il en résulterait une perturbation et une méfiance continues dans les relations internationales, une cause toujours menaçante de malaise et de conflits qui éclateraient tôt ou tard.

Il est vrai qu'actuellement, un vent de conquête souffle sur l'Europe. Les puissances sont en train de se partager arbitraire-

ment et sans pudeur le bien d'autrui, en s'accordant des compensations de territoires étrangers, en abusant cruellement de la faiblesse des populations autochtones. Mais que l'Angleterre, dont la loyauté fut longtemps, à tort ou à raison, proverbiale, puisse donner le ton actuellement à la déloyauté généralisée de la diplomatie européenne, en violant tous ses engagements dans l'affaire égyptienne, on ne l'admettra, sans doute, qu'avec la plus grande répugnance. Cet accord, digne de larrons en foire, ne peut et ne doit pas durer. Il se terminerait fatalement par une bagarre universelle.

Les événements nous ont malheureusement donné pleinement raison. Cette guerre sanglante est le résultat de l'avide politique coloniale des puissances, de la violation des traités internationaux et du système de partage et de compensations inauguré par la mauvaise foi de l'Angleterre en Égypte. La Grande-Bretagne ayant mis la main sur ce pays, il fallait satisfaire la France, et on lui offrit le Maroc dont la conquête fit verser des flots de sang, et l'Italie, qu'on poussa en Tripolitaine, ce qui provoqua une guerre injuste avec la Turquie.

Le partage de l'Afrique du Nord, pour ne citer que celui-là, se fit sans même tenir compte des intérêts d'autres puissances qui se virent privées de leur part du butin. Telle est la cause principale du conflit actuel. Et l'Angleterre est, quoi qu'on en dise, la grande coupable. Non contente d'avoir violé le droit et méprisé les traités pendant les trente-deux années de son occupation en Égypte, elle vient de mettre le sceau à son œuvre inique en proclamant le protectorat sur ce pays.

Que l'on impose le protectorat à des peuplades à demi sauvages, à la rigueur, on peut le comprendre ; mais l'Égypte qui a un passé glorieux, qui est entrée dans la civilisation moderne depuis longtemps, qui s'est adressée de sa propre initiative à l'Europe pour lui demander ses éducateurs, et dont les fils avides de science ont acquis leur savoir dans les universités européennes, l'Égypte n'a-t-elle pas le droit de vivre en nation libre ?

C'est ce droit que nous réclamons. Nous voulons que les Anglais évacuent notre pays, nous voulons que notre peuple ait la faculté de se développer librement et que l'Égypte puisse vivre sa vie de nation.

L'évacuation accomplie, l'Égypte pourra conserver son statut juridique fixé par la convention de Londres, en 1840, d'État autonome et tributaire et confirmé par les firmans impériaux. Ce serait le statu quo d'avant l'occupation et le retour à l'état normal des choses.

Il y a une autre solution à envisager, qui, chose curieuse, fut « proposée » pour la première fois par l'Angleterre, et serait selon nous la meilleure, parce qu'elle contenterait tout le monde : nous voulons parler de la neutralisation de l'Égypte.

Toutes les puissances, sans exception, y trouveraient un immense avantage, puisque l'Égypte serait ouverte d'une manière définitive à la libre concurrence et que le trafic du Canal ne pourrait jamais être supprimé, comme il l'est actuellement.

L'Angleterre même ne saurait s'opposer à la neutralisation, puisqu'elle l'a elle-même conçue ; elle n'aurait plus de raison pour invoquer l'insécurité de ses possessions, ni pour prétendre que l'on cherche à l'entraver dans ces communications avec ses colonies.

Cette solution pourrait satisfaire également la Turquie, qui verrait une nation dont les affinités sont si nombreuses avec son Empire, débarrassée d'une tutelle étrangère. Elle serait sûre, en outre, de n'avoir jamais comme voisine une puissance qui pourrait la menacer en Arabie, en Syrie et ailleurs.

Quant au tribut que l'Égypte lui doit, il pourrait être remplacé par une indemnité fixée par les Puissances, d'accord avec la Turquie.

Puisque nous touchons aux engagements financiers, disons en passant, que l'Égypte, une fois évacuée, serait prête à donner à ses créanciers toutes les garanties exigibles.

L'Égypte accepterait le rétablissement du contrôle financier international, mais uniquement sur la partie de ses finances qui concerne la dette.

Il peut sembler étrange de parler en ce moment de neutralité, et l'on ne manquera pas de nous citer l'exemple de la Belgique. Mais la situation des deux pays est loin d'être la même. La Belgique est enserrée entre les puissances les plus militarisées qui existent, et son armée n'était pas en proportion de sa population. En outre, ce pays est deux fois moins peuplé que l'Égypte. Celle-ci, avec ses 14 millions d'habitants environ (non compris le Soudan), pourrait choisir pour sa défense entre deux systèmes : une armée permanente qui, relativement à la population, serait assez forte, ou mieux encore une armée de milices semblable à celle de la Suisse, avec un service d'instruction un peu plus long, six mois par exemple. L'armée égyptienne, cela va sans dire, serait purement défensive et destinée à parer aux agressions possibles. C'est pourquoi un système de milices nous paraît préférable à une armée permanente. Il a en outre sur celle-ci l'avantage de ne pas créer une charge financière trop considérable.

Avec cette armée, et étant donnée la distance où elle se trouve de l'Europe, l'Égypte serait capable de se défendre elle-même, sans compter essentiellement sur la garantie des puissances.

En demandant l'évacuation de notre pays, nous demandons ce droit qu'a tout peuple à l'indépendance. Nous voulons l'Égypte pour les Égyptiens. Charbonnier, dit la sagesse des nations, est maître chez soi. Nous voulons être maîtres chez nous ; rien de plus, rien de moins. Notre patriotisme n'est pas égoïste. Quiconque connaît notre devise nationale en sera convaincu :

« Libres chez nous, hospitaliers pour tous. »

La question d'Égypte sera certainement discutée dans la conférence pour la paix qui se réunira à la fin de la guerre. Il est en effet impossible qu'une question de cette importance ne soit pas examinée et résolue dans un congrès où seront fixées les bases d'un nouvel ordre de choses. C'est donc aux délégués des puissances qu'il incombera de se prononcer pour l'une ou l'autre des solutions que nous avons indiquées. Ce sont les seules conformes au droit et à l'équité et qui puissent donner satisfaction au peuple égyptien. Car les Égyptiens, bien qu'ils soient la nation la plus pacifique de la terre, n'accepteront jamais une domination étrangère, et leur patience mise à une rude épreuve au cours de trente-trois années d'occupation est maintenant à bout, l'Angleterre peut en être sûre.

Nous avons le ferme espoir que cette conférence mettra fin à la politique de conquête et instaurera une ère de paix et de justice.

La Paix régnera par le respect de la justice et de la vérité, comme la guerre a toujours été déchaînée par l'injustice et la violence.

APPENDICE

Les déclarations complémentaires qui suivent sont relatives aux engagements formels pris par la Grande-Bretagne dans la *Question égyptienne* et sont destinées à fortifier les thèses que nous avons développées dans notre étude.

Sir Ed. Malet, consul général au Caire, déclaration au Sultan, 21 septembre 1881, (V. *Blue Book,* 9 sept. 4 oct. 1881) :

« Le Gouvernement de Sa Majesté n'a en vue que le maintien de l'autorité souveraine de la Porte et des pouvoirs du khédive. Il ne désire ni occuper, ni annexer l'Égypte. »

Lord Granville, Foreign Secretary, dépêche à sir Ed. Malet, 4 novembre 1881. (V. *Blue Book,* Ibid, et *Journal officiel égyptien,* 15 nov. 1881.)

« La politique du Gouvernement de Sa Majesté n'a d'autre but que la prospérité et la pleine jouissance de cette liberté, que le khédive a obtenues en vertu de divers firmans. Notre désir est de maintenir l'Égypte dans l'indépendance administrative qui lui a été garantie par le Sultan. Le Gouvernement de Sa Majesté agirait à l'encontre des plus chères traditions de son histoire nationale, s'il avait le désir de diminuer cette liberté. Le lien qui unit l'Égypte à la Porte est une importante sauvegarde contre une intervention étrangère. Si ce lien venait à se rompre, l'Égypte pourrait, dans un avenir rapproché, se trouver exposée elle-même au danger d'ambitions rivales. »

Lord Granville, Foreign Secretary, déclaration à Musurus pacha, 4 octobre 1881 (V. *Blue Book,* 1881).

« En dépit de tous les bruits et de tous les soupçons, nous n'avons aucun désir de travailler à une occupation ou à une annexion de l'Égypte par l'Angleterre. Ce que nous désirons, c'est le maintien du statu quo et celui des droits du Sultan. »

Lord Dufferin, ambassadeur d'Angleterre à Constantinople, déclaration au Sultan, 4 nov. 1881. (V. *Blue Book*, 1881.)

« Je déclarai au Sultan que, bien loin d'avoir des vues sur l'Égypte, notre seul désir était d'y maintenir le statu quo et que l'opinion publique en Angleterre était unanime sur ce point. J'ajoutai que je n'ignorais pas que le Sultan suspectât nos intentions, mais que c'était grand dommage qu'il se livrât à des craintes fantastiques. »

S. M. la reine Victoria, discours du trône, 7 février 1882 (V. le *Times*.)

« J'userai de toute mon influence pour maintenir dans un sens favorable à une bonne administration du pays et à un sage développement de ses institutions, les droits établis, soit par les firmans, soit par les différentes Conventions internationales. »

Lord Granville, Foreign Secretary, dépêche à lord Dufferin, 11 juillet 1882. (V. *Blue Book*, 1882.)

« L'Angleterre ne poursuit en Égypte ni un but intéressé, but qui ne s'accorderait pas avec les intérêts de l'Europe, ni un but contraire aux intérêts du peuple égyptien. »

Sir Charles Dilke, Foreign Under-Secretary, déclaration à M. Tissot, 18 juillet 1882. (V. *Livre jaune*, 1882.)

« Les troupes de débarquement auront pour unique mission le maintien de l'ordre à Alexandrie. »

Lord Granville, Foreign Secretary, dépêche à lord Dufferin, 2 août 1882. (V. *Blue Book*, 1882.)

« Le Gouvernement de Sa Majesté a l'honneur de faire connaître à la Conférence qu'une fois le but militaire visé atteint, il réclamera le concours des Puissances pour les mesures à prendre en vue du futur et bon gouvernement de l'Égypte. »

Gladstone, premier ministre, discours au banquet du lord-maire, 9 août 1882. (V. le *Times*.)

« Je l'atteste hautement devant le monde civilisé, les intérêts de l'Angleterre en Égypte ne sont pas particuliers ; ils sont communs au monde entier. L'Angleterre va en Égypte les mains nettes, sans dessein secret. Elle n'a rien à cacher aux autres nations. Elle a le droit de réclamer leur confiance et leur sympathie. »

Gladstone, premier ministre, déclaration à la Chambre des Communes, 12 août 1882. (V. le *Times*.)

« Nous n'avons nullement l'intention d'occuper l'Égypte. S'il est une chose que nous ne ferons pas, c'est bien celle-là. Ce serait agir en complet désaccord avec les principes professés par le Gouvernement de Sa Majesté, avec les promesses qu'il a faites à l'Europe, et, ajouterai-je, avec la manière de voir de l'Europe elle-même. »

Gladstone, premier ministre, déclaration à la Chambre des Communes, 16 août 1882. (V. *Livre jaune* 1882, p. 31).

« Nous ne nous occuperons jamais de l'Égypte qu'avec le désir d'y favoriser le développement d'institutions qui lui donneraient, en tenant compte des divers droits existants, internationaux et autres, tous les avantages d'un *self-government* local. Dès que l'ordre sera rétabli, nous soumettrons la question égyptienne à l'Europe. La Conférence pourra et devra reprendre ses séances, dès que les événements lui auront suffisamment préparé la besogne. »

Lord Granville, Foreign Secretary, circulaire aux ambassadeurs, août 1882. (V. *Mémorial diplomatique* 1er septembre 1882.)

« Circulaire de lord Granville aux ambassadeurs de la Reine à l'étranger, les priant d'insister auprès des divers

Gouvernements sur le désintéressement de l'Angleterre et sur sa détermination de ne pas régler les questions d'Égypte et du Canal de Suez, sans la coopération des Puissances. »

Lord Dufferin, ambassadeur d'Angleterre à Constantinople, déclaration à Saïd pacha, 16 sept. 1882. (V. *Blue Book*, 1882.)

« L'envoi de troupes turques est inutile. Le Gouvernement de Sa Majesté se dispose déjà à rappeler une partie de ses troupes. »

Lord Granville, Foreign Secretary, déclaration au général Menabrea, sept. 1882. (V. *Correspondenza verde*, 1881-1882.)

« L'Angleterre n'entend ni établir son protectorat, ni imposer sa volonté en Égypte. »

M. Dodson, President of the Local Government Board, discours de Scarborough, 11 oct. 1882. (V. le *Times*.)

« Le Gouvernement de Sa Majesté n'a jamais eu l'intention de rester en Égypte un seul jour de plus qu'il ne sera nécessaire. Il espère que, sous peu, le Gouvernement indigène pourra être rétabli. L'Angleterre n'a pas besoin d'établir sa domination en Égypte ni d'annexer le pays. Ce qu'elle désire, c'est rendre l'Égypte aux Égyptiens. »

Gladstone, premier ministre, déclaration à la Chambre des Communes, 14 novembre 1882. (V. le *Times*.)

« Les effectifs des troupes britanniques ont été réduits, depuis le 4 novembre, à 12.000 hommes. L'occupation n'est que provisoire et le Gouvernement de Sa Majesté en déterminera prochainement les conditions, d'accord avec le Gouvernement égyptien. »

Chamberlain, President of the Board of Trade, discours d'Ashton under Lyne, 19 déc. 1882. (V. le *Times*.)

« Je ne perdrai pas mon temps à démentir l'intention qu'on prête au Gouvernement de vouloir maintenir un protectorat perpétuel en Égypte. Ce serait préparer d'amers regrets à nos descendants que d'aller créer une nouvelle Irlande en Orient. Une fois l'ordre rétabli, nous nous retirerons. L'acquisition de Chypre, il est vrai, est de date trop récente pour ne pas éveiller de doute sur notre désintéressement. Mais tout ce qui tend à séparer la France de l'Angleterre est un malheur pour les deux pays et nous devons tout faire pour satisfaire notre grand voisin. Ce que nous désirons, c'est assurer à l'Égypte l'ordre, la prospérité et l'indépendance. »

S. M. la reine Victoria, discours du trône, 15 février 1883. (V. le *Times*.)

« Toutes les obligations internationales seront respectées en Égypte. »

Gladstone, premier ministre, déclaration à la Chambre des Communes, 5 mars 1883. (V. le *Times*.)

« Nous ne prolongerons pas l'occupation de l'Égypte au delà de la période durant laquelle la présence des troupes y sera absolument nécessaire. D'autres nations ont des droits et des intérêts aussi grands que ceux de l'Angleterre en Égypte, et le Gouvernement de Sa Majesté ne connaît pas d'intérêts anglais qui soient séparés des intérêts généraux des nations civilisées, ou qui doivent être poursuivis dans un but égoïste et étroit. »

Gladstone, premier ministre, déclaration à la Chambre des Communes, 6 août 1883. (V. le *Times*.)

« Le Gouvernement de Sa Majesté n'a pas oublié ses promesses et les troupes britanniques ne resteront pas sur les bords du Nil un seul jour de plus qu'il ne sera nécessaire. »

Gladstone, premier ministre, discours au banquet du lord-maire, 8 août 1883. (V. le *Times*.)

« Nous sommes allés en Égypte sans aucune vue égoïste, notre seul désir étant de hâter les réformes de ce pays. Le jour où elles seront accomplies, nous quitterons l'Égypte. Aussi tous les ministres désirent-ils voir la réalisation de ces réformes s'accomplir le plus vite et avec le plus de succès possible. »

Gladstone, premier ministre, déclaration à la Chambre des Communes, 9 août 1883. (V. le *Times.*)

« Le Gouvernement de Sa Majesté n'a jamais songé à annexer l'Égypte. Ce serait porter atteinte à l'honneur de l'Angleterre. »

Sir Charles Dilke, Foreign Under-Secretary, déclaration à la Chambre des Communes, 9 août 1883. (V. le *Times.*)

« Le Gouvernement de Sa Majesté est opposé à l'annexion de l'Égypte et à tout ce qui y ressemblerait, tant par fidélité à ses promesses solennelles que par souci des intérêts de l'Angleterre. »

Lord Granville, Foreign Secretary, déclaration à M. Waddington, 16 juin 1884. (V. *Livre jaune,* 1884.)

« Rien ne saurait plus clairement démontrer les vues du Gouvernement de Sa Majesté que la circulaire que j'ai adressée aux représentants de Sa Majesté près les Cours des grandes Puissances, le 3 janvier 1883. C'est dans cette dépêche, soumise au Parlement anglais, communiquée aux Puissances et à la Sublime Porte, que la déclaration fut faite que le Gouvernement de Sa Majesté était désireux de retirer les forces britanniques, dès que le permettraient la situation du pays et l'organisation des moyens convenables pour assurer l'autorité du khédive. Le Gouvernement de Sa Majesté a maintenu et maintient sa déclaration. C'est avec regret qu'il a vu les circonstances s'opposer au développement des mesures prises en vue de cette évacuation. Mais le Gouvernement de Sa Majesté, afin d'écarter toute espèce de doute à l'endroit de sa politique en cette affaire, s'engage à retirer ses troupes, au commencement de l'année 1888, à condition que les Puissances seront d'avis que l'évacuation peut se faire sans compromettre la paix et l'ordre en Égypte. »

Lord Granville, Foreign Secretary, déclaration à Hassan Fehmi pacha, 8 février 1885. (V. *Blue Book* 1885.)

« Le Gouvernement de Sa Majesté a l'intention formelle de se retirer de l'Égypte pour des raisons politiques et financières. »

Gladstone, premier ministre, déclaration à la Chambre des Communes, 15 février 1885. (V. le *Times*.)

« Le Gouvernement est résolu à ne pas rester au Soudan un jour de plus qu'il ne sera nécessaire. »

Lord Kimberly, Secretary for India, déclaration à la Chambre des Lords, 27 février 1885. (V. le *Times*.)

« Nous quitterons l'Égypte dès qu'un gouvernement stable y sera établi. Aucun gouvernement anglais ne pourrait avouer à la face de l'Europe une politique différente. Si nous déclarions que nous sommes disposés à annexer une grande partie du Soudan oriental, nous nous obligerions à maintenir au Soudan une forte armée, dans un but tout à fait disproportionné aux sacrifices nécessaires. »

Sir Michaël Hicks Beach, Chancellor of the Exchequer, déclaration à la Chambre des Communes, 5 août 1885. (V. le *Times*.)

« L'Angleterre n'a nullement l'intention de s'éterniser en Égypte. Le seul but du Gouvernement de Sa Majesté est de préparer ce pays à l'indépendance. »

Gladstone, premier ministre, manifeste électoral, 18 sept. 1885. (V. le *Times*.)

« L'Angleterre doit se retirer de l'Égypte aussitôt que l'honneur britannique le permettra. Nous n'admettrons jamais qu'il puisse être question d'annexion, de protectorat ou même de prolongation indéfinie de l'occupation anglaise, et nous répudions toute idée de compensation quelconque pour les efforts et les sacrifices que nous avons faits jusqu'à ce jour. La politique anglaise en Égypte est fondée sur une erreur et ce qu'il y a de mieux à faire en un tel cas, c'est de mettre promptement fin à une pareille intervention. »

Lord Salisbury, premier ministre, déclaration à M. Waddington, 3 nov. 1886. (V. *Livre jaune,* 1886.)

« On se trompe grandement chez vous lorsqu'on croit que nous voulons rester indéfiniment en Égypte. Nous ne cherchons qu'à en sortir honorablement. Nous sommes décidés à l'évacuer. »

Lord Salisbury, premier ministre, déclaration à la Chambre des Lords, 10 juin 1887. (V. le *Times.*)

« Le Gouvernement de Sa Majesté, en vertu de ses engagements antérieurs et des règles du droit des gens, ne croit pas pouvoir placer l'Égypte sous son protectorat. Son rôle doit se borner à s'entendre avec la Porte pour défendre les États du khédive contre les calamités politiques et pour maintenir le statu quo dans la vallée du Nil. Une convention a été conclue à cet effet avec la Turquie. Elle dispose que l'occupation anglaise cessera dans trois ans. »

Sir Henry Drummond Wolff, envoyé extraordinaire à Constantinople, déclaration au grand vizir, 1887. (V. *Blue Book,* N° 2, 1887.)

« Le Gouvernement de Sa Majesté a démenti toute intention d'annexer l'Égypte ou d'y établir un protectorat. Plus d'une fois, on a suggéré l'idée que l'Angleterre devait occuper l'Égypte à titre permanent, mais cela eût été la violation du droit international. »

Lord Salisbury, premier ministre, discours au banquet du lord-maire, 10 août 1887. (V. le *Times.*)

« L'issue des négociations de Constantinople ne modifie en rien les devoirs de la Grande-Bretagne. »

Sir James Fergusson, Foreign Under-Secretary, déclaration à la Chambre des Communes, 11 août 1887. (V. le *Times.*)

« L'échec des négociations anglo-turques ne libère nullement l'Angleterre des engagements pris envers les Puissances. »

W.-H. Smith, First Lord of the Treasury, déclaration à la Chambre des Communes, 1er déc. 1888. (V. le *Times*.)

« Nous pouvons entrevoir dans un avenir très prochain l'évacuation de la vallée du Nil toute entière. »

Lord Salisbury, premier ministre, discours au banquet du lord-maire, 9 novembre 1891. (V. le *Times*.)

« Notre but principal n'est pas de couper le lien qui unit l'Égypte à l'Empire ottoman. Loin de là, nous désirons maintenir l'Égypte dans sa position légale actuelle, dans sa position vis-à-vis de l'Empire ottoman définie par les traités et les firmans. Nous avançons vers ce but. Nous espérons vivement l'atteindre bientôt. »

Sir Henry Campbell Bannermann, War Secretary, déclaration au *Neues Wiener Journal*, 9 oct. 1894. (V. *Neues Wiener Journal*.)

« L'occupation de l'Égypte n'est que temporaire. Notre intention est de l'évacuer aussitôt qu'elle sera capable de se gouverner et que sa situation à l'égard du Soudan sera assurée. Nous ne saurions rester indéfiniment en Égypte sans violer nos plus solennels engagements et rendre notre caractère méprisable aux yeux de l'Europe. »

Sir Charles Dilke, Ex-Foreign Under-Secretary, conférence à l'Institut de Markham Square, 14 octobre 1895. (V. le *Times*.)

« L'occupation de l'Égypte est une source de faiblesse pour l'Angleterre. Comme nous n'avons aucun intérêt pour nous y maintenir, il n'y a aucune raison pour ne pas évacuer le pays. »

Lord Salisbury, premier ministre, déclaration à la Chambre des lords, 6 février 1899. (V. le *Times*.)

« Nous n'avons nullement l' intention de discuter les titres de notre allié le khédive ni de commettre aucune injustice à son égard. »

TABLE DES MATIÈRES.

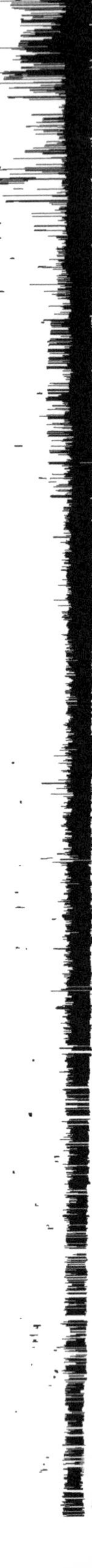

www.ingramcontent.com/pod-product-compliance
Ingram Content Group UK Ltd.
Pitfield, Milton Keynes, MK11 3LW, UK
UKHW021907260726
13966UKWH00006B/1274